法藏知津

九 編

杜潔祥 主編

第 6 冊

近現代中國佛學考論（下）

姚彬彬 著

花木蘭文化事業有限公司

國家圖書館出版品預行編目資料

近現代中國佛學考論（下）／姚彬彬 著 -- 初版 -- 新北市：
花木蘭文化事業有限公司，2023〔民 112〕
目 2+180 面；19×26 公分
（法藏知津九編 第 6 冊）
ISBN 978-626-344-176-7（精裝）
1.CST：佛教 2.CST：研究考訂
030.8   111021698

ISBN-978-626-344-176-7

法藏知津九編
第 六 冊   ISBN：978-626-344-176-7

近現代中國佛學考論（下）

作　　者　姚彬彬
主　　編　杜潔祥
副總編輯　楊嘉樂
編輯主任　許郁翎
編　　輯　張雅淋、潘玟靜　美術編輯　陳逸婷
出　　版　花木蘭文化事業有限公司
發 行 人　高小娟
聯絡地址　235 新北市中和區中安街七二號十三樓
　　　　　電話：02-2923-1455／傳真：02-2923-1452
網　　址　http://www.huamulan.tw 信箱 service@huamulans.com
印　　刷　普羅文化出版廣告事業
初　　版　2023 年 9 月
定　　價　九編 52 冊（精裝）新台幣 120,000 元　　版權所有·請勿翻印

近現代中國佛學考論（下）

姚彬彬 著

目

次

上 冊

自 序

第一章 學派溯源 ⋯⋯⋯⋯⋯⋯⋯⋯⋯⋯⋯⋯⋯⋯ 1

　經學範式與文化轉型——論近代中國佛學學派的
　　興起⋯⋯⋯⋯⋯⋯⋯⋯⋯⋯⋯⋯⋯⋯⋯⋯⋯⋯ 3

　從「宗派佛教」到「學派佛教」——現代性思潮
　　下的中國佛學轉型⋯⋯⋯⋯⋯⋯⋯⋯⋯⋯⋯⋯ 15

　《大乘起信論》真偽之爭與近現代佛學思想的
　　分野⋯⋯⋯⋯⋯⋯⋯⋯⋯⋯⋯⋯⋯⋯⋯⋯⋯⋯ 35

第二章 內學辨義 ⋯⋯⋯⋯⋯⋯⋯⋯⋯⋯⋯⋯⋯⋯ 57

　理性與正信——略論內學院一系佛學的修學觀⋯ 59

　1921 年前後關於柏格森哲學與佛學關係論辯之
　　始末⋯⋯⋯⋯⋯⋯⋯⋯⋯⋯⋯⋯⋯⋯⋯⋯⋯⋯ 69

　本覺與本寂——呂澂先生的禪宗研究 ⋯⋯⋯⋯ 77

　廢名與熊十力關於唯識「種子」義之辯 ⋯⋯⋯ 89

　以佛學比附科學之思想誤區分析 ⋯⋯⋯⋯⋯⋯ 97

第三章 華嚴復興 ⋯⋯⋯⋯⋯⋯⋯⋯⋯⋯⋯⋯⋯⋯ 111

　華嚴與唯識思想徑路之分野⋯⋯⋯⋯⋯⋯⋯⋯⋯ 113

西方天文學宇宙觀念的傳播與中國近代華嚴
　　哲學 ··· 125
楊仁山居士的華嚴思想探析 ····················· 137
近代新學家的華嚴思想探析——以康有為、
　　章太炎為視角的考察 ························· 151
近現代新儒家的華嚴思想探析 ················· 165

下　冊

第四章　人間佛教 ································· 179
「人生佛教」與「人間佛教」辨義 ··········· 181
光復以來臺灣佛教的「祖國化」歷程 ········· 207
當代臺灣人間佛教的「世俗化」與「庸俗化」··· 217
印順法師「大乘是佛說」論之啟示——兼與
　　周貴華先生商榷 ····························· 231

第五章　諸家論衡 ································· 253
透過佛學的魯迅詮釋 ····························· 255
宗仰上人與章太炎先生交往考略 ············· 265
虛雲和尚生年與事蹟辨疑 ······················ 275
「南懷瑾神話」之剖析 ··························· 287

第六章　文獻偶識 ································· 297
《壇經》版本諸問題辨正 ······················· 299
聚雲吹萬《釋教三字經》（原本）校注 ········ 313
章太炎、呂澂等論學函札輯注 ················· 323
譚嗣同《仁學》中的佛教術語釋例 ············ 335

代跋：五四前後學人的佛教觀與佛教中國化問題 ·· 343

第四章　人間佛教

「人生佛教」與「人間佛教」辨義

有學者考證,「人間佛教」作為專有名詞的出現,源於太虛(1890～1947)《怎樣來建設人間佛教》一文,這是他作於 1933 年 10 月的講演稿,刊於 1934 年 1 月出版的《海潮音》第 15 卷第 1 期,這一期雜誌的主題即為人間佛教,又稱《人間佛教專號》。〔註1〕而據筆者查證,1932 年太虛所撰的《論時事新報所謂經咒救國》(刊於《海潮音》第 13 卷第 1 期)中已經使用到了「人間佛教」這一專有名詞,不過尚未對其含義進行全面的闡釋。

在 20 世紀 30～40 年代,太虛弟子大醒、慈航等分別在自己主持的雜誌中都出過《人間佛教專號》,可見這一名詞在當時具有一定革新思想的「新僧」中已頗為流行。但由於太虛把自己闡述佛教現代化改革思想的文章結集定名為《人生佛教》,而其弟子印順(1906～2005)對人間佛教的論述更為全面縝密,對於歷史上中印佛教各派學說的看法與太虛亦頗有出入,且印順後半生居於臺灣,成為島內人間佛教派系的精神領袖,被尊稱為「印順導師」。故當代的佛學研究者為了有所區隔,往往把太虛思想核心簡稱為「人生佛教」,印順思想的核心簡稱為「人間佛教」。就目前而言,對於「人間佛教」與「人生佛教」二理念意涵之異同,可謂眾說紛紜,莫衷一是。欲解決此問題,尚應從基本文獻入手,並結合歷史語境,方能釐清「人生佛教」與「人間佛教」此二理念的同異關係。

一、太虛著述中的「人生佛教」與「人間佛教」

太虛「人生佛教」理念的提出,大約可追溯到他於 1925 年的廬山講學,

〔註1〕參見鄧子美,陳衛華,毛勤勇:《當代人間佛教思潮》,蘭州:甘肅人民出版社,2009 年,1 頁。

這次講學以「人生」為題，已然涉及到了「人成即佛成」、「完成在人格」等其「人生佛教」的核心理念。1928 年，太虛在上海儉德儲蓄會開講「人生佛學的說明」，則標誌著其思想的系統化完成，太虛在其中開宗明義地揭出了「人生佛教」的基本意涵：

> 佛法雖普為一切有情類，而以適應現代之文化故，當以「人類」為中心而施設契時機之佛學；佛法雖無間生死存亡，而以適應現代之現實的人生化故；當以「求人類生存發達」為中心而施設契時機之佛學，是為人生佛學之第一義。佛法雖亦容無我的個人解脫之小乘佛學，今以適應現代人生之組織的群眾化故，當以大悲大智普為群眾之大乘法為中心而施設契時機之佛學，是為人生佛學之第二義。大乘佛法，雖為令一切有情普皆成佛之究竟圓滿法，然大乘法有圓漸、圓頓之別，今以適應重徵驗、重秩序、重證據之現代科學化故，當以圓漸的大乘法為中心而施設契時機之佛學，是為人生佛學之第三義。故「人生佛學」者，當暫置「天」、「鬼」等於不論。且從「人生」求其完成以至於發達為超人生、超超人生，洗除一切近於「天教」、「鬼教」等迷信；依現代的人生化、群眾化、科學化為基，於此基礎上建設趨向無上正遍覺之圓漸的大乘佛學。〔註2〕

由此可見，太虛提出「人生佛教」的契機，是希圖佛教契合以科學理性的發達為特質的現代社會，故需揚棄傳統佛教中天神、死鬼的迷信觀念，而強調大乘佛教利生救世的菩薩行精神。因此太虛謂：「佛教的本質，是平實切近而適合現實人生的，不可以中國流傳的習俗習慣來誤會佛教是玄虛而渺茫的；於人類現實生活中瞭解實踐，合理化，道德化，就是佛教。」〔註3〕

太虛雖把自己的思想定義為「人生佛教」，但同時也經常使用「人間佛教」一詞，筆者統計太虛全部著作，將「人間佛教」作為專有名詞，在其七篇著述中出現過〔註4〕，依寫作時間之先後分別介紹如次：

〔註 2〕太虛：《人生佛學的說明》，見印順編：《太虛大師全書》3 冊，印順文教基金會（光碟版），2006 年，208～209 頁。

〔註 3〕太虛：《人生的佛教》，見印順編：《太虛大師全書》3 冊，印順文教基金會（光碟版），2006 年，328 頁。

〔註 4〕此外尚有三篇文章出現過「人間佛教」一詞，其一出現在《閱回教改造雜誌第一期》（1934 年）一文，係引用他人的文字。其二出現在《略述西藏之佛教序》（1930 年）一文，文謂「關於律儀方面者，根據七眾律儀戒，以為建立人間佛教團標準」，這裡雖係「人間」與「佛教」二詞連用，但究其文意，似是說

1.《論時事新報所謂經咒救國》（1932年），文謂：

> 然在印度、西藏密部獨行後，更有第四期發展階段，蓋諸密咒原以應化非人的天龍八部之佛教為主，而八部中尤以藥叉——夜叉眾即執金剛眾，見一行大日經疏——部為主，依此密咒部之特要部而發展，佛亦成為夜叉部之佛，最高之佛皆為執金剛部之夜叉身矣。此第四級密部及先修上師法，為今藏密之特點。宋天息災等雖有譯來中國者，以其時中國已為禪宗盛行之地，不獲傳行；而日本所傳唐代之密，則由印度其時猶未發展到此第四階段，故亦無此也。印度之修長壽、修五通者，大抵皆修藥叉法。而中國道教之丹鼎符籙諸術，亦夜叉法之流耳。知密咒乃八部眾或夜叉眾為本位之佛教，則知其僅可為人間佛教之助行也。〔註5〕

此篇係太虛之著述中最早出現「人間佛教」一詞的文章。文章之宗旨係對密宗所稱言的「經咒救國」提出批評，不過其批評的方式是比較委婉的，認為藏傳佛教所流行的「密咒」，雖非佛教思想的精華所在，但尚可對「人間佛教」起到一定的輔助作用。——後來印順對於密宗學說的批判顯然更加嚴厲，雖有程度之不同，但可見太虛與印順對於密宗的態度，並無本質區別。

2.《怎樣來建設人間佛教》（1933年），文謂：「佛教，是表明並非教人離開人類去做神做鬼，或皆出家到寺院山林裏去做和尚的佛教，乃是以佛教的道理來改良社會，使人類進步，把世界改善的佛教。」此與前述太虛所言「人生佛教」旨在「以適應現代之現實的人生化故；當以『求人類生存發達』為中心而施設契時機之佛學」之意義完全一致。此文分為「從一般思想中來建設人間佛教」、「從國難救濟中來建設人間佛教」與「從世運轉變中來建設人間佛教」三部分，係太虛在漢口三日講座的小標題，闡明了「人間佛教」之建設，乃是為了適應現代社會之文化特點，以救國救世為現實宗旨，破除一般民眾心中對於傳統佛教腐朽迷信之壞印象。

3.《藥師琉璃光如來本願功德經講記》（1934年），文謂：「今日若能將此法門〔註6〕流行於世，則世界眾生皆得普遍消災利益，而使人生與佛法發生普

「建立人間的佛教團體」，而非專有名詞。其三出現在《抗戰四年來之佛教》，提到了浙江的一本叫做《人間佛教》的刊物。故這三文不統計在內。

〔註5〕印順編：《太虛大師全書》15冊，印順文教基金會（光碟版），2006年，2889頁。

〔註6〕指藥師淨土法門。

遍的親密的關係，更足奠定人間佛教的基礎也。」這是太虛在寧波阿育王寺講授《藥師經》的記錄。值得注意的是，此經印順平生也曾面向大眾講授過多次，在 1954 年秋，印順在臺北善導寺講《藥師經》，啟建藥師法會；其《藥師經講記》一書便是此次講經的記錄。1958 年夏，他在馬尼拉信願寺為性願老和尚祝壽時又開講一次，有《藥師經開題》發表，後還曾在臺北慧日講堂啟建藥師法會。與乃師太虛一樣，印順也注意到了藥師淨土觀念與人間佛教諸多理念的一致性，他曾說：「東方淨土，不如西方淨土的專重於死後往生。不但說到死後往生淨土，說到蒙佛力加被，死後消除惡業，生人天而修學大乘；更特別重視了現生的利益安樂。這對於大乘菩薩，利益現實人間的精神，有著很好的啟發，故值得一說再說」〔註7〕云云。

4.《佛學會與實現佛化》（1935 年），文謂：

> 中國佛學會，民十八在南京組成的；承此系統而起的團體，便是現在上海及閩南等的分會。但所以要組織佛學會，自然有其重大的意義！這就是要集合研究佛學的同志，把佛教的真理加以窮究探討，同時觀察時代潮流、人類根性之所適宜而發揚光大之，使佛學真理與時代的新潮流相應猛進，成為新人生所必需的學問；固不僅與一般佛教團體相似，只顧保守，或維持就算盡了職責。由是可知在中國佛教會以外另有中國佛學會來研究探討真理，適應潮流，樹立佛學，實是實現人間佛教，建立人間淨土基礎的運動。……「建設人間佛教」，「改造人間淨土」，宣傳已是好久了。但若沒有集團去從事深切地研究真理，則所謂人間佛教或淨土，終不能實現，而祇是成了一種空喊的口號。〔註8〕

文中所說的「中國佛學會」是 1929 年成立的佛學研究團體，太虛任會長。該會原擬名為中國佛教會，後接受蔡元培建議，為便於吸收不信仰佛教但又從事佛學研究的人士參加，故定名中國佛學會。在此文中，太虛呼籲佛學研究應成為建設人間佛教的基礎，這裡的「人間佛教」一詞與「人間淨土」並用。

5.《即人成佛的真現實論》（1938 年），文謂：「禪宗的悟心，上追梵行涅槃，其寄身於自耕自食的農林生活，則下啟末法期的人間佛教。」〔註9〕指出

〔註 7〕印順：《淨土與禪》，見《印順法師佛學著作集》17 冊，印順文教基金會（光碟版），2006 年，132 頁。

〔註 8〕印順編：《太虛大師全書》18 冊，印順文教基金會（光碟版），2006 年，272 頁。

〔註 9〕印順編：《太虛大師全書》24 冊，印順文教基金會（光碟版），2006 年，457 頁。

了禪宗思想與人間佛教的相關性，這是一個十分具有啟發意義的思路，禪宗標榜的佛法不離世間，於人間修行佛道的思想，也正是 20 世紀以來人間佛教思潮所倡導的。故筆者曾指出，禪宗自其發生之日起，已開啟了中國佛教入世性轉向之先河，現代僧團中「人間佛教」思潮之發生，亦當可視為禪宗之進一步的世俗化轉型。〔註10〕

6.《與法尊書》（1941 年），文謂：「法尊院長、葦舫主任同覽：院中恐將近開學了！我在專修班的兩鐘點，請印順法師講其唯識學探源或人間佛教，均可。如印師另能多講，尤好！」〔註11〕法尊（1902～1980）是現代藏傳佛教的研究泰斗，他也是太虛門下之弟子，1936 年以來，他在重慶代理太虛主持漢藏教理院，彼時印順也任教於此處，深得太虛器重。這封信直接說明了，太虛對於彼時印順已經形成的人間佛教思想，顯然是非常認可和賞識的態度。

7.《再議印度之佛教》（1943 年），文謂：「若佛法應於一切眾生中特重人生，本為余所力倡，如人生佛教，人間佛教，建設人間淨土，人乘直接大乘，由人生發達向上漸進以至圓滿即為成佛等。」〔註12〕《再議印度之佛教》一文係太虛批評印順所撰《印度之佛教》一書的佛學觀點，他們佛學思想的差異，大多體現在如何理解中印佛教之不同、大乘佛教之起源以及對於佛教各宗派不同學說之取捨抉擇上，但在闡揚「人間佛教」這一理念上，他們是沒有本質分歧的。這裡與前面《佛學會與實現佛化》的引文，都印證了後來聖嚴所說「現代化佛教的發軔，是因民國初年太虛大師大聲疾呼『人生佛教』、『人間佛教』、『人間淨土』」之觀點，可見這三個詞的含義在太虛的語境中是有一貫性的。

通過以上總結可見，太虛著作中的「人間佛教」一詞，與其所標榜的「人生佛教」之含義，並無明顯區別，亦有與「人生佛教」連用之情況。江燦騰認為：「太虛大師的佛教思想，是以中國佛教為核心，以適應現代社會為目標，在態度上是『人生的』，在範圍上是『人間的』。」〔註13〕鄧子美則認為：「太

〔註10〕　參見姚彬彬：《現代文化思潮與中國佛學的轉型》，北京：宗教文化出版社，2015 年，340 頁。

〔註11〕　印順編：《太虛大師全書》26 冊，印順文教基金會（光碟版），2006 年，56 頁。

〔註12〕　印順編：《太虛大師全書》25 冊，印順文教基金會（光碟版），2006 年，51 頁。

〔註13〕　江燦騰：《從「人生佛教」到「人間佛教」》，見《臺灣佛教與現代社會》，臺北：東大圖書公司，1992 年。

虛對佛教教理的革新就個人言是『人生的』，就社會言是『人間的』」。〔註14〕二家之說雖皆亦可通，但在筆者看來，或可更簡單地理解為，雖太虛提出「人生佛教」在先（1925 年前後），提出「人間佛教」在後（1933 年前後），但在 20 世紀 30～40 年代，「人間佛教」已經在當時具有一定革新意識的佛教僧侶中流行開來，傳播更為廣泛，太虛則可能是為了強調其學術思想之個性，而堅持更多使用早年之「人生佛教」一詞。故吾人今日總結太虛之有關思想，謂之「人生佛教」或「人間佛教」，當均無不可。

二、「人生佛教」一詞的歷史語境

大凡國家民族面臨內憂外患，亟需謀求貞下起元之際，往往人心浮蕩，流離失所，茫茫然而莫可名狀，成為一社會之普遍心態。而當是時也，仁人志士上下求索，搜尋病根，推己及人，往往特重「人心與人生」之問題。中國的清末民初之際恰恰正是這樣一個時期。維新思想家康有為回憶其早年「私心好求安心立命之所」，「忽絕學捐書，閉戶謝友朋，靜坐養心」〔註15〕。並曾「入西樵山，居白雲洞，專講道、佛之書」，「常夜坐彌月不睡，恣意遊思，天上人間，極樂極苦，皆現身試之」；與此同時，「既念民生之艱難，天與我聰明才力拯救之。乃哀物悼世，以經營天下為志」〔註16〕。康氏的這段精神探索之歷程，在當時的知識分子中具有典型意義，也就是通過探索人生之終極意義來解放心力，自覺以天下為己任，而欲拯生民於水火。而「民族魂」魯迅先生在青年留日時期便開始思考三個有關「人」的問題：（一）怎樣才是最理想的人性？（二）中國國民性中最缺乏的是什麼？（三）它的病根何在？〔註17〕後來先生提出了若欲「生存兩間，角逐列國」，「其首在立人，人立而後事舉」〔註18〕的「立人」之命題，成為貫穿其一生的精神追求。——凡此種種，皆吾國世紀之交的思想家，激於憂憤，承繼歷代賢哲「為生民立命」的歷史使命感，行導夫先路之探索。

彼時正值西學東漸，古今中西之學，風雲激蕩，許多學人反思華夏積貧積

〔註14〕鄧子美，陳衛華，毛勤勇：《當代人間佛教思潮》，蘭州：甘肅人民出版社，2009年，2 頁。

〔註15〕康有為：《我史》，北京：中國人民大學出版社，2011 年，11 頁。

〔註16〕康有為：《我史》，北京：中國人民大學出版社，2011 年，12 頁。

〔註17〕許壽裳：《亡友魯迅印象記》，北京：北京出版社，1999 年，443 頁。

〔註18〕魯迅：《文化偏至論》，見《魯迅全集》第 1 卷，北京：人民文學出版社，2005年，58 頁。

弱之深因，而歸諉於宗法專制之舊文化弊病，呼喚個人價值與人性光輝之彰顯，遂有新文化啟蒙思潮之勃興。其領軍人物之一胡適先生晚年回憶這段歷史時總結說：

> 在中國新思想運動的第一年之中，我們已清楚地看出這一運動對解放婦女和爭個人權利的要求。我的同事周作人先生就認為光是主張用語體文來產生文學是不夠的。新的文學必須有新的文學內容，他把這「內容」叫作「人的文學」。「人」──一個生物學上的「人」，他是有感情、觀念和喜怒哀樂的。他既有缺點，也有長處。這些都是新文學的基礎，那時我們不但對人類的性生活、愛情、婚姻，貞操等問題，都有過很多的討論；同時對個人與國家、個人與家庭與社會的關係也都有過討論。「家庭革命」這句話，在那時便是流傳一時的名言。〔註19〕

關懷現世人生與現實人性，在新文化運動時期體現在文化、思想、文學、藝術之諸多領域。而後世所謂的「文化保守主義者」們，雖然也不排斥學習並援入西法西技，乃至於科學民主等現代文明成果，但更對「老大帝國」所積澱的豐厚文化底蘊倍加珍惜。他們多認為，中國儒釋道三家之古聖先賢，所遺留的對於人生宇宙之思考，乃至於道德訓誨，自當有歷千祀而顛撲不破者在，遂往往與所謂「全盤西化派」發生衝突和爭鳴。1923 年由「玄學鬼」張君勱、「科學神」丁文江所引發的「科學與人生觀」論戰便是其思想衝突的集中表現，而諸家探討問題之結穴，仍不出「人生意義」這一哲學之大範疇。在當時，太虛撰寫了《人生觀的科學》一文，代表了佛學界對於這一爭論的響應，他認為佛法超越玄學與科學，乃人生之最高追求目標，謂「佛教的唯一大事，只是從人的生活漸漸增進以發達人生至其究竟，即是由人乘直接佛乘的一條大乘路。」〔註20〕需要注意的是，太虛的這篇文章撰寫於 1924 年，正是其開始提倡「人生佛教」的 1925 年之前夕，這恐怕是不能視為巧合的。時代風氣對於「人生」問題的關注和重視，也許正是啟發太虛提出「人間佛教」這一理念的直接契機。

太虛早年已有一定「新學」之根底，他曾回憶民國初年所讀之書籍曰：

〔註19〕《胡適口述自傳》（唐德剛譯注），上海：華東師範大學出版社，1999 年，175 頁。
〔註20〕印順編：《太虛大師全書》23 冊，印順文教基金會光碟版，2006 年，1 頁。

余在民國紀元前四年起,受康有為《大同書》,譚嗣同《仁學》,
嚴復《天演論》、《群學肄言》、孫中山、章太炎《民報》,及章之《告
佛子書》、《告白衣書》,梁啟超《新民叢報》之《佛教與群治關係》,
又吳稚暉、張繼等在巴黎所出新世紀上托爾斯泰、克魯泡特金之學
說等各種影響,及本其得於禪與般若、天臺之佛學,當有一期作激
昂之佛教革新運動。〔註21〕

太虛之平生,亦與新文化運動的領軍人物魯迅、胡適等,多有直接或間接
的交往。若太虛在《人物志憶(十三則)》文中曾以「憶魯迅先生的一面」為
題回憶與魯迅先生在廈門大學的一面之緣:

十八年夏天,我從歐美遊歸。那時、我因為是廈門南普陀寺主
持兼閩南佛學院院長,經過數月後,於秋際回到了廈門。寺中設盛
筵與我洗塵,邀了十多位廈大的名教授來作陪,有顧頡剛、莊澤宣、
沈尹默、孫貴定、繆子才、羅培常、陳定謨諸先生,而魯迅先生也
為其中一位。我也有舊識的,也有新會面的。入席時,推林校長和
魯迅先生坐在我的鄰座,那時我的學生芝峰、大醒、亦幻等,已在
看魯迅先生的書,學生已受了他的文學影響,但我卻未見過他的書。
所以當時寒喧一二語外,只林校長與我談話。然有一沉默無言、傲
然自得的人的面影,迄今仍留腦海。〔註22〕

按太虛此處所述之時間有誤,非為民18年而應為民15年(1926年),
《太虛自傳》中所記的時間是正確的〔註23〕,雖然太虛遺憾未能與魯迅交談,
但文中透露出,太虛的門下的僧侶們,當時竟也在熱衷閱讀魯迅之著作,由
此亦可見,時代之新文化風氣,於當時的「新僧」群體,確然在發生實際的
影響。

而魯迅先生在《兩地書》的1926年致許廣平之書信中,也曾述及此事,
可以相互印證:

南普陀寺和閩南佛學院公宴太虛,並請我作陪,自然也還有別

〔註21〕太虛:《我的佛教改進運動略史》,見印順編:《太虛大師全書》29冊,印順文
教基金會光碟版,2006年,67頁。
〔註22〕太虛:《人物志憶(十三則)》,見印順編:《太虛大師全書》(31冊),印順文
教基金會光碟版,2006年,1305頁。
〔註23〕參見太虛:《太虛自傳》,見印順編:《太虛大師全書》(29冊),印順文教基金
會光碟版,2006年,163頁。

的人。我決計不去，而本校的職員硬要我去，說否則他們以為本校
看不起他們。個人的行動，會涉及全校，真是窘極了，我只得去。
羅庸說太虛「如初日芙蓉」，我實在看不出這樣，只是平平常常。入
席，他們要我與太虛並排上坐，我終於推掉，將一個哲學教員供上
完事。太虛倒並不專講佛事，常論世俗事情，而作陪之教員們，偏
好問他佛法，什麼「唯識」呀，「涅槃」哪，真是其愚不可及，此所
以只配作陪也歟。〔註24〕

　　這裡需要說明的是，魯迅先生素不喜應酬名流，太虛回憶魯迅「沉默無
言、傲然自得」，自非是因魯迅對太虛有什麼惡感，而是其性情使然。魯迅論
時人一向苛嚴，而此謂太虛「不專講佛事，常論世俗事情」，觀諸語境，實在
可算是一種好評了。對此也可以從魯迅學生孫伏園的回憶中得到證實：

　　　　那時太虛到佛學院視察並講學，廈門大學的教授們發起請太虛
吃飯。我因為一向對於佛學沒有研究的興趣，所以沒有參加作主人，
魯迅先生卻參加了。頭一天，許多主人們到處搜求佛經來研讀，以便
次日與太虛法師談話，魯迅先生和我都竊笑他們真是「急來抱佛腳」
了。次日晚飯時，我問魯迅先生，午飯公宴太虛的情形。魯迅先生
說，太虛和易近人，思想通泰，所以談的很有興趣，談的大抵是時事，
一句也沒有涉及佛學，很替昨天開晚車的諸先生們叫屈。〔註25〕

　　顯然，魯迅先生雖沒有親自與太虛聊天，倒是饒有興趣地認真聽了太虛席
間的言論，並私下給予了「和易近人，思想通泰」的評價，不過遺憾的是，此
文係孫伏園在太虛逝世後所撰，已經來不及消除太虛的誤會了。

　　太虛與胡適的交往更多，其著述中所提及胡適處不少，大抵皆為商榷學
術，因胡適亦治禪宗史命家，故太虛與其觀點互有同異，而查閱胡適書信，見
有致太虛的一封書函，以往學界鮮有提及，內容頗有獨到之見，彌足重視，全
文謂：

太虛先生：

　　　　功德林席上，太匆匆了，不及細談。別後又因事忙，不曾得機
會寫信。千萬請　恕罪。鄙意以為　先生到歐美，不如到日本；去

〔註24〕《魯迅全集》第十一卷，北京：人民文學出版社，2005年，170頁。
〔註25〕孫伏園：《懷念太虛大師：「和易近人，思想通泰」》，見《覺有情》第八卷，1947
　　　　年6月號。

講演，不如去考察；去宣傳教育，不如去做學生。此三層意思，說來甚長，現在只能略引申之。

先生能讀日本書籍，若能住日本多讀一點基礎科學及梵文、巴利文，三五年之後進益當不淺。往歐美則有語言上的困難，雖有譯人，終覺相隔幾層，用力多而成功少，且費用又很大。故我說，到歐美不如到日本。

傳聞 先生之行帶有講演與宣傳教育之意。此意在今日誇大狂的中國，定有人勸駕。然鄙意則甚不贊成。佛教在中國已成強弩之末，儀式或尚存千萬分之一二，而精神已完全沒有了。 先生是有志復興佛教的一個人，我雖不熱心於此事，然未嘗不讚歎 先生的熱心。倘 先生與座下的一班信徒能用全副精力做佛教中興的運動，灌輸一點新信心到這已死的宗教裏去，這自然是可敬的事。然此事去成功尚太遠太遠，此時正是努力向國內做工作的時候，還不是拿什麼「精神文明」向外國人宣傳的時候。西洋民族文化之高，精神生活之注重，道德之進步，遠非東方那班吃素念佛妄想「往生」的佛教徒所能夢見。 先生此次若決計去西方，我很盼望先生先打消一切「精神文明」的我執，存一個虛懷求學的宗旨，打定主意，不但要觀察教堂教會中的組織與社會服務，還要考察各國家庭、社會、法律、政治裏的道德生活。昔日義淨《〔南海〕寄歸內法〔傳〕》，於印度僧徒的毛廁上用的拭穢土塊，尚且瑣瑣詳述，如今看了，似覺好笑．然古人虛懷求學的精神，殊不可及。 先生此行，無論在歐美，在日本，若能處處掃除我執，作一個虛懷的學生，則玄奘、義淨的遺風有嗣人了。如為一班誇大狂的盲人所誤，存一個宣傳東方文化的使命出去，則非我所敢附和的了。

因為 先生曾徵求鄙見，不敢隨便應酬，故貢其狂言，千萬請原諒。

胡適敬上 十六，十，八日〔註26〕

適之先生誠然智者，洞察彼時國內文化界浮誇與盲目自信之弊端，而謂持「精神文明」之我執，而無虛懷求學之宗旨之輩，百年後的今日，仍所在

〔註26〕《胡適往來書信選》，北京：社會科學文獻出版社，2013 年，317～318 頁。——原文中之空格，係舊式尺牘之格式，保持原貌引用。

多有，可發深思。此信係在太虛於 1928 年赴法、英、德、美、日諸國講學之前夕發出，然彼時太虛之弘法事業，正蒸蒸日上，胡適之負面意見，自然難以被他採納。不過據後人考證，太虛在歐美之講學情況，非常失敗，以其在法國的講座為例：

> 他〔註27〕不願意接受這樣的觀念，即巴黎的聽眾可能比中國的聽眾更為挑剔且所知更多。面對東方博物院中坐滿的聽眾，他作了一次散漫無涯的、業餘性質的講演。內容是關於佛學、科學和馬克思主義之間的相似性。這絕對無法被稱為是一次成功的講座。臘爾華後來對那位中國人說：「我們弄錯了。」並且希爾筏勒肥詢問中國駐巴黎公使，是否他無法安排一位更好的中國佛教代表到法國來。
>
> 待太虛第二次演講時，大廳中幾乎空無一人。〔註28〕

不過，太虛的歐美弘法雖不甚成功，但也的確表明了他弘漢傳佛教於世界的拳拳苦心。他對於科學和種種西方哲學的瞭解雖然失於浮泛，也的確是一種試圖使佛教與現代文明相接契的嘗試。而面臨彼時國內文化界流行的諸如周作人「人的文學」，丁文江、張君勱等的「人生觀論戰」，乃至於梁漱溟的「人生三路向」之說〔註29〕，不能不有所觸動和回應，其「人生佛教」的提出，固為順理成章之舉。

如所周知，清末民初中國佛教之整體狀況，實已衰朽不堪。傳統的佛教宗派，雖仍保留其制度形式，其內裏早已朽壞不堪，清末的著名僧人「八指頭陀」敬安禪師嘗慨歎「嘉道而還，禪河漸涸，法幢將摧。咸同之際，魚山輟梵，獅座蒙塵，池無九品之花，園有三毒之草。」〔註30〕西人明恩溥（Arthur H. Smith）〔註31〕通過他敏銳的觀察，在 20 世紀初已然與當時國人中有識之士們同樣地指出，中國佛教長期以來「退化成僅存形式而已」，其普遍的樣態是，「佛教的僧人與道教的道士一樣，大部分的時間都是閒散無聊的，也是最

〔註27〕指太虛。

〔註28〕【美】霍姆斯・維慈：《中國佛教的復興》（王雷泉等譯），上海古籍出版社，2006 年，49 頁。

〔註29〕有關太虛「人生佛教」思想與梁漱溟「人生三路向」之說的相關性，臺灣學者楊惠南教授有精彩的考證，參見氏著《當代佛教思想展望》，臺北：東大圖書公司，1991 年，70～76 頁。

〔註30〕釋敬安：《衡山清涼寺碑》，見《八指頭陀詩文集》，長沙：嶽麓書社，1984 年，471 頁。

〔註31〕美國人，即魯迅先生所推崇的那本《中國人的氣質》之作者。

無知、最卑劣的社會寄生蟲。這個宗教就像它的許多寺廟一樣，處於無法挽回的傾塌狀態。」〔註32〕這種看法，自不應視為西人帶有文化優越感的偏見，20 世紀初中國佛教界中頗多有識之士們同樣有過類似的慨歎，若歐陽竟無先生亦言：「中國內地，僧尼約略總在百萬之數，其能知大法、辦悲智、堪住持、稱比丘不愧者，誠寡若晨星。其大多數皆游手好閒，晨夕坐食，誠國家一大蠹蟲，但有無窮之害，而無一毫之利者。」〔註33〕太虛則常謂當時的佛教實在是「歷史上遺留下來的殘渣般的佛教，原有塔像僧寺，亦仍是依了人民俗習、及社會病態發酵似的變化生滅」〔註34〕。太虛認為，彼時社會上流行的佛教，實為一種「死鬼的佛教」，謂：

> 「人生」一詞，消極方面為針對向來佛法之流弊，人生亦可說「生人」。向來之佛法，可分為「死的佛教」與「鬼的佛教」。向來學佛法的，以為只要死的時候死得好，同時也要死了之後好，這並非佛法的真義，不過是流佈上的一種演變罷了。還有說：佛法重在離開人世的精神；但死後不滅的精神，具體的說即為靈魂，更具體的說，則為神鬼。由此，有些信佛者竟希望死後要做個享福的鬼，如上海某居士說「學佛法先要明鬼」，故即為鬼本位論。然吾人以為若要死得好，只要生得好；若要作好鬼，只要作好人，所以與其重「死鬼」，不如重「人生」。何以言之？因為人和鬼，都是眾生，至於死，特為生之變化耳。我們現在是眾生中之人，即應依人生去作，去瞭解；瞭解此生，作好此人，而了死了鬼亦自在其中，此所以對向來死鬼的佛教而講人生的佛教也。〔註35〕

太虛認為當時佛教日趨衰落之病根，乃是在教理上重「死鬼」而不重「人生」，故需提倡「人生佛教」以對治之，這裡已經明確說明了，其所謂「人生」實為針對「死鬼」的特定講法。——由此亦可見，所謂「人生佛教」實為具有明顯的時代語境之一詞彙。

〔註32〕明恩溥：《中國的振拔》，107～108 頁。轉引自【美】白德滿：《太虛——人生佛教的追尋與實現》，鄭清榮譯，臺北：法鼓文化出版社，2008 年，57 頁。
〔註33〕歐陽竟無：《辨方便與僧制》，見《歐陽竟無佛學文選》，武漢：武漢大學出版社，2009 年。
〔註34〕太虛：《建設現代中國佛教談》，見印順編：《太虛大師全書》17 冊，印順文教基金會光碟版，2006 年，219～220 頁。
〔註35〕太虛：《人生佛教開題》，見印順編：《太虛大師全書》（3 冊），印順文教基金會光碟版，2006 年，218～219 頁。

　　據印順回憶，就太虛其個人的傾向而言，的確覺得「人生佛教」的意思更好，他說：

　　　　太虛大師在民國十四五年，提出了「人生佛教」。在抗戰期間，還編成一部專書──《人生佛教》。大師以為：人間佛教不如人生佛教的意義好。他的倡導「人生佛教」，有兩個意思：一、對治的：因為中國的佛教末流，一向重視於──一死，二鬼，引出無邊流弊。大師為了糾正他，所以主張不重死而重生，不重鬼而重人。以人生對治死鬼的佛教，所以以人生為名。……無錫的丁福保，以為信佛先要信鬼，大師以為這不免加深了鬼教的迷信！為對治這一類「鬼本」的謬見，特提倡「人本」來糾正他。孔子說：「未能事人，焉能事鬼」，儒家還重視人生，何況以人本為中心的佛教！大師的重視人生，實含有對治的深義。二、顯正的：大師從佛教的根本去瞭解，時代的適應去瞭解，認為應重視現實的人生。「依著人乘正法，先修成完善的人格，保持人乘的業報，方是時代所需，尤為我國的情形所宜。由此向上增進，乃可進趣大乘行。使世界人類的人性不失，且成為完善美滿的人間。有了完善的人生為所依，進一步的使人們去修佛法所重的大乘菩薩行果」（《我怎樣判攝一切佛法》）。大師曾說：「仰止唯佛陀，完成在人格，人成即佛成，是名真現實」（《即人成佛的真現實論》）。即人生而成佛，顯出了大師「人生佛教」的本意。〔註36〕

　　這一回憶正可印證我們所指出的，太虛傾向使用「人生佛教」一詞，是立足於時代語境的偏好。而需要注意的是，印順的論述也僅僅是出於一種對太虛內心動機的推測，並不能由此說明其對於「人間佛教」一詞的否定。克實而言，在漢語的語義上，「人生」只是指人的一生，而「人間」則謂整個人類社會，從大乘佛教「慈濟眾生」、「利樂有情」之類的宗旨看，顯然「人生佛教」實在不若「人間佛教」的提法更具學理的周延性。──不僅太虛的後學印順等赴臺後揭出「人間佛教」之旗幟，就大陸而言，1983 年，趙樸初在中國佛教協會第四屆理事會第二次會議上作了《中國佛教協會三十年》的報告，其中明確提出：「我認為我們社會主義中國的佛教徒，對於自己信奉的佛教，應當提倡人間佛

〔註36〕印順：《佛在人間》，見《印順法師佛學著作集》（14 冊），印順文教基金會光碟版，2006 年，18～21 頁。

教思想，以利於我們擔當新的歷史時期的人間使命」。會上，班禪額爾德尼·卻吉堅贊及正果法師、明真法師、真禪法師等都通過發言或其他形式論述了發展人間佛教的必然性和現實性，趙樸初的這一報告則成為大陸開啟人間佛教發展的標誌性文件。──目前，「人間佛教」的提法不謀而合地由兩岸共同確立，而「人生佛教」由其語境所限，自然已成歷史之「陳跡」了。

三、太虛與印順「人間佛教」思想的前後一貫

較早期的研究者，或因文獻材料的檢索不若目前「數字化」時代的便利，往往沒有發現「人間佛教」本身便是太虛所最早提出，並與「人生佛教」同時共用的情況。〔註37〕這類見解往往導致後來多數研究者簡單地以「人生佛教」和「人間佛教」來概況太虛和印順的各自思想，從字面上很直接地聯想到二者存在很大的不同，甚至認為太虛與印順思想之間具有巨大的鴻溝，若江燦騰甚至說：「印順法師的思想，絕非承襲太虛大師，而是對其批評，並開展自己的理論體系。」〔註38〕顯然，這是需要澄清的嚴重誤解。因為，印順雖在佛學研究的方法論及佛教判教思想等方面與太虛有諸多不同，但在「人間佛教」這一核心宗旨上，仍是對太虛的繼承和發展。

根據印順自述，太虛的思想與著述對他佛學思想的形成一直都有極大的啟發。侯坤宏在印順的著作中曾搜集了相關史料七則，如下所述：

　　1.1930 年 2 月，印順法師到廈門閩南佛學院求學，正式投身太虛門下，在《遊心法海六十年》，印順法師說：「虛大師的『人生佛教』，對我有重大的啟發性。讀《大乘宗地引論》與《佛法總抉擇談》，對虛大師博通諸宗而加以善巧的融會貫通，使我無限的佩服。我那年的創作──《抉擇三時教》，對於智光的三時教，唯識宗的三時教，抉擇而予以融貫，就是學習虛大師的融貫手法。」

〔註37〕如楊惠南曾謂：「『人間佛教』的首次提出者，並不是印順導師，而是《海潮音》雜誌社、慈航法師，以及法舫法師等人。」見氏著《當代佛教思想展望》，臺北：東大圖書公司，1991 年，96 頁。──從楊氏的這一表述上看，恐怕當時許多人甚至誤認為「人間佛教」就是印順所最先提出的。其學生邱敏捷在其博士論文《印順導師的佛教思想》也沿用了楊惠南的這一說法（法界出版社 2004 年，76 頁）。這種看法在目前學界有關人間佛教的文章中經常可見，流行頗為廣泛。

〔註38〕江燦騰：《人間淨土的追尋──中國近世佛教思想研究》，臺北：稻香出版社，1989 年，205 頁。

2. 1940 年，印順法師讀到太虛的《我怎樣判攝一切佛教》、《我的佛教改革運動略史》、《從巴利語系佛教說到今菩薩行》，每篇都引起他深深的思惟，有了一些新的啟發，也引起了一些新的思考。印順法師說：「我雖然曾在佛學院求學，但我的進修，主要是自修。虛大師給我思想上的啟發，也是從文字中來的。」

3. 在《平凡的一生》中，印順法師說：「我出家以來，對佛法而能給予影響的，虛太師（文字的）而外，就是法尊法師（討論的）。」

4. 在《我懷念大師》一文中，印順法師說：「我與大師（太虛），永遠是思想與文字的關係」。

5. 在《略論虛大師的菩薩心行》，印順法師說：「我深受大師思想的啟發，對大師也有某種程度的理解，但自己為宿習所薰的根性所限，即使嚮往有心，也不可能成為大師那樣的菩薩。」

6. 在《遊心法海六十年》結語中，印順法師發抒對太虛大師的懷念說：「他（太虛）不但啟發了我的思想，又成全了我可以修學的環境。」

7. 在《法海微波》序文中，印順法師提及：自己多病又不善交際，所以雖列太虛大師門下，不可能追步大師的遺蹤。加上古老而衰落的中國佛教，不可能迅速改觀，不如多作些思想啟發的工作，也可以說是太虛大師「教理革命」的延續。〔註39〕

上述材料足已說明，印順本人一直承認其思想的形成與太虛具有直接的相關性，正如侯坤宏所總結的：「太虛大師的教理革命，對印順法師思想的塑造，曾發生重大的影響；而這種影響，主要是透過太虛的著作。印順法師在太虛弟子中，雖不算先進，但卻是最瞭解太虛思想，也最能承傳並將太虛思想發揚光大的人，印順法師在對太虛思想傳承上，可謂青出於藍而勝於藍。」〔註40〕

1928 年，太虛撰寫了《對於中國佛教革命僧的訓詞》一文，全面概況了其佛教改革思想的宗旨，其平生所闡揚的「人生佛教」之思想，大抵不出文中所論範疇，文謂：

〔註39〕侯坤宏：《真實與方便——印順思想研究》，臺北：法界出版社，2009 年，16～18 頁。

〔註40〕侯坤宏：《真實與方便——印順思想研究》，臺北：法界出版社，2009 年，18～19 頁。

一、要革除的方面：甲、為從前中國君相利用為神道設教以愚民的迷信；乙、為習染從前中國家族制度所養成的剃派法派，將僧產變為各家師徒私相授受的遺傳制度。

二、要革改的方面；甲、為改變從前中國在儒家專化下，真佛教僧但為遁世高隱的態度；而改正為一面精進修習三增上學，一面廣行化導民眾及利濟民眾。乙、為改變從前中國僧眾在君相及愚民的要求與供養中，專顧脫死問題及服務鬼神的態度；而改正為服務人群，及兼顧資生問題的態度。

三、要建設的方面；甲、中國從前儒化的地位，今三民主義者若能提取中國民族五千年文化及現世界科學文化的精華建立三民主義的文化，則將取而代之；故佛教亦當依此，而連接以大乘十信位的菩薩行，而建設由人而菩薩而佛的人生佛教。乙、以大乘的人生佛教精神，整理原來的僧寺，而建設適應現時中國環境的佛教僧伽制。丙、宣傳大乘的人生佛教以吸收新的信佛民眾，及開化舊的信佛民眾，團結組織起來，而建設適應現時中國環境的佛教信眾製。丁、昌明大乘的人生佛教於中國的全民眾，使農工商學軍政教藝各群眾皆融洽於佛教的十善風化，養成中華國族為十善文化的國俗；擴充至全人世成為十善文化的人世。〔註41〕

楊惠南據此總結了「人生佛教」〔註42〕的四點內涵：（1）人生佛教是由做一個好人開始，進而學習菩薩的善行，然後成佛；（2）人生佛教的出家僧團，是一個適應現時中國社會環境的團體；（3）人生佛教的在家信眾必須組織起來，成為一個適應現時中國社會環境的團體；（4）人生佛教的社會意義，乃在於教化一般民眾成為修習十善的國民，並擴及全世界之人類。〔註43〕——要之，太虛以發揮大乘佛教的「菩薩行」為宗旨，希望佛教能夠立足於現世，來改善社會，端正風化。

1940 年，太虛回顧平生致力於中國佛教改革的探索歷程，寫成《我的佛教改進運動略史》一文，總結了他所設想的踐行「人生佛教」的各方面主張，

〔註41〕印順編：《太虛大師全書》（17 冊），印順文教基金會光碟版，2006 年，597～598 頁。

〔註42〕根據本文的考證，「人生佛教」與「人生佛教」含義無本質區別，不過出於對太虛本人習慣的尊重，仍稱之「人生佛教」。

〔註43〕楊惠南：《當代佛教思想展望》，臺北：東大圖書公司，1991 年，78 頁。

以「四攝六度」〔註44〕為宗旨，具體為：

> 六度、四攝是一個綱領，從具體表現上來說，出家的可作文化、
> 教育、慈善、布教等事業，在家的成為有組織的結緣三皈、正信三
> 皈及至五戒居士在家菩薩，農、工、商、學、軍、政……各部門，都
> 是應該做的工作，領導社會作利益人群的事業；六度、四攝的精神，
> 就在個人的行為，和為人類服務中表現出來。學處內設立出家菩薩
> 養成所，經過沙彌二年、比丘十年的時間。在學僧的過程中，更設
> 出家菩薩訓練班，使能涉俗利生。另設在家菩薩訓練班，因為、他
> 們對社會事業雖然有經驗，但參加佛教的幹部工作，應更加短期訓
> 練。在三皈至五戒間，則有信眾訓練班，在總組織則有佛教會。幹
> 部人材都可作佛教會發動機。

> 在攝化大眾的廣泛事業上，在家菩薩什麼工作都可以做，出家
> 菩薩則做文化、教育、慈善。文化方面的，如圖書館、書報等，教
> 育方面，如小、中、大各級學校，慈善方面，為醫院、慈幼院、養老
> 院等。資生方面，如工廠、農場、商店等，都可以佛教個人或團體
> 名義去辦，移轉一般只談佛教消極不辦事的觀念；即在個人行歷中，
> 亦處處現出信仰佛教。向來社會上作事的佛徒，大都不肯承認自己
> 信仰佛教，所以社會人士，就說學了佛不再做人、做事。在家菩薩
> 能夠在每一事業上，都表現出佛教徒精神，社會人士自然對佛教生
> 信仰，僧眾的地位也因此提高，恭敬尚且來不及，那裡還會來摧殘
> 佛教？真正的大乘佛教實行到民間去，使佛教成為國家民族、世界
> 人類需要的精神養料，佛教當然就可以復興。〔註45〕

太虛心目中的中國佛教改革目標，或者說其「人生佛教」之宗旨，我們可
以簡單地總結為：立足於現實社會，以大乘佛教的救世立生的思想為指引，積
極參與民眾社會生活的諸多領域，發揮積極和正面的影響。——太虛的後學
慈航（1893～1954）後來在臺灣將「人間佛教」的社會實踐總結為「三大救
命環」，亦即慈善、文化、教育三方面的事業，標榜「以佛心為己心，以師志

〔註44〕所謂「四攝六度」，是大乘佛教的「菩薩道」所需要踐行，「四攝」為布施、
　　　　愛語、利行、同事四事，「六度」為布施、持戒、忍辱、精進、禪定、智慧、
　　　　修行。
〔註45〕印順編：《太虛大師全書》（29 冊），印順文教基金會光碟版，2006 年，118～
　　　　119 頁。

為己志」，這裡的「師志」即謂太虛的佛教改革思想，不失為一種簡明的概括。
而後來印順所闡揚的有關理念，實亦未出這些範疇之外。

在印順看來，所謂「人間佛教」之真義，應闡揚佛陀乃是「由人成佛」
這一歷史事實，使佛法面對現實社會，因病與藥地對治人間的種種問題，他
指出：

> 釋迦年尼佛，不是天神，不是鬼怪，也從不假冒神子或神的使
> 者。他老實的說：「諸佛世尊，皆出人間，非由天而得也」（《增一阿
> 含經》）。這不但是釋迦佛，一切都是人間成佛，而不會在天上的。
> 又說：「我亦是人數」。佛是由人而成佛的，不過佛的斷惑究竟，悲
> 智功德一切到達無上圓滿的境地而已。佛在人間時，一樣的穿衣、
> 吃飯、來去出入。他是世間的真實導師，人間的佛弟子，即是「隨
> 佛出家」、「常隨佛學」。〔註46〕

顯然，這是一種比較徹底的理性化之思路，揚棄了傳統的民間佛教信仰對
於佛陀的神化，而使其形象回歸為世間的偉人。

印順在其晚年的 1989 年，出版了其總結其平生思想學術的《契理契機之
人間佛教》一書，其中將其「人間佛教」思想歸納為四個方面：首先，作為
「論題核心」，是「人，菩薩，佛——從人而發心修菩薩行，由菩薩行圓滿而
成佛」。顯然，這與太虛所說的「建設由人而菩薩而佛的人生佛教」的宗旨是
完全一致的。其次，其「理論原則」是「法與律合一」、「緣起與空性的統一」，
以及「自利與利他的統一」。這一點則表現出印順思想更為注重佛學學理根據
的特點。再次，其「時代傾向」是「青年時代」、「處世時代」、「集體（組織）
時代」。印順指出，為了適應「青年時代」，佛教應該「重視少壯的歸信」，「必
然的重於利他」。為了適應「處世時代」，佛教「應該做利益人類的事業，傳播
法音」。而為了適應「集體（組織）時代」，「不但出家的僧伽，要更合理（更
合於佛意）化，在家弟子學修菩薩行的，也應以健全的組織來從事利他而自
利」。最後，其「修持心要」，謂「應以信、智、悲為心要」，認為「依此而修
有利於他的，一切都是菩薩行。」〔註47〕顯然，最後兩點，也與太虛的「人生
佛教」一樣，都在強調大乘菩薩道的踐行。

〔註46〕 印順：《佛在人間》，見《印順法師佛學著作集》14 冊，印順文教基金會光碟
版，2006 年，23～24 頁。

〔註47〕 《印順法師佛學著作集》24 冊，印順文教基金會光碟版，2006 年，48～49 頁。

關於人間佛教如何實踐其入世利生的菩薩道，印順指出：

> 真能修菩薩行，專心為法，過那獨身生活，教化生活，當然是
> 可以的。然而，菩薩行的真精神，是「利他」的。要從自他和樂的
> 悲行中去淨化自心的，這不能專於說教一途，應參與社會一切正常
> 生活，廣作利益有情的事業。如維摩詰長者的作為，如善財所見善
> 知識的不同事業：國王、法官、大臣、航海者、語言學者、教育家、
> 數學家、工程師、商人、醫師、藝術家、宗教師等，這些都是出發
> 於大願大智大悲，依自己所作的事業，引發一般人來學菩薩行。為
> 利他的一切，是善的德行，也必然增進自己，利益自己的。利他自
> 利，在菩薩行中得到統一。〔註48〕

在印順看來，若能廣泛地參與世間正常生活而實踐「利他」，無論各行各
業的人，都可以成就佛道。這一看法，與太虛所說的「真正的大乘佛教實行到
民間去，使佛教成為國家民族、世界人類需要的精神養料」，顯然並無二致。

四、印順的「人間佛教」思想是對太虛的發展和超克

毋庸諱言，印順與太虛的學術思想，的確是有不少不同之處的，不過這種
「差異」，卻實在不宜解讀為思想的對立，而是類乎一種思潮發展過程中，後
來的集大成者對於早期草創規模者的發展和超克。──這方面的情況，頗有
些像中國儒學史上的朱熹之於二程、王守仁之於陸九淵一樣，是後人對前人
的推進。若馮友蘭多次聲稱自己的哲學「大體上是承接宋明道學中之理學一
派。我們說『大體上』，因為在許多點，我們亦有與宋明以來的理學，大小相
同之處。我們說『承接』，因為我們是『接著』宋明以來的理學講的，而不是
『照著』宋明以來的理學講的。」〔註49〕──印順之於太虛，其實也正是這麼
一種「接著講」。

麻天祥指出，太虛的佛學思想，儘管其「博覽群經、知識淵博，而且力圖
建立起融世間出世間法為一體的新佛學體系，但由於其思想的多變和思辨性的
不足，處處表現為博而雜糅、通而支離」〔註50〕，認為太虛「對於資產階級民

〔註48〕印順：《佛法概論》，見《印順法師佛學著作集》8冊，印順文教基金會光碟版，
　　　　2006年，250～251頁。
〔註49〕馮友蘭：《貞元六書·新理學》，上海：華東師範大學出版社，1996年，5頁。
〔註50〕麻天祥：《晚清佛學與近代社會思潮》，開封：河南大學出版社，2005年，528
　　　　頁。

主思想的牽強附益和對佛教教義的任意解釋，也有難以自圓其說之處」。〔註51〕這一評價是非常中肯的，太虛學說的思辨性不足與思考深度的欠缺，不僅是許多人閱讀其著作的第一印象，從其歐美講學由於言論「散漫無涯」而失敗這一情況，也可見諸一斑。而印順平生的思想學說，處處體現了思辨的精密與嚴謹，更為強調理性，彌補了乃師的不足。印順曾評價太虛說：「大師是峰巒萬狀，而我只能孤峰獨拔」〔註52〕，這其實也是評價太虛博而不精，自己則由博返約的一種委婉表達。

就印順的「人間佛教」思想而言，其對太虛的超克，首先體現了更加理性化的理論特點，印順說：

> 大師說「人生佛教」，我說「人間佛教」：「一般專重死與鬼，太虛大師特提示人生佛教以為對治。然佛法以人為本，也不應天化、神化。不是鬼教，不是（天）神教，非鬼化非神化的人間佛教，才能闡明佛法的真意義」（《遊心法海六十年》）。其實，大師也說：「融攝魔梵，漸喪佛真之泛神秘密乘，殊非建立三寶之根本」。可是「點到為止」，只說不適宜於現代而已。〔註53〕

根據印順的這類表述，楊惠南認為，印順人間佛教思想的「新主張」就是：「太虛雖然不容忍傳統中國佛教對『鬼的佛教』、『死的佛教』的信仰，但卻容忍對『天』的尊敬；另一方面，印順既不容忍『鬼的佛教』、『死的佛教』，也不容忍『天的佛教』。」〔註54〕這一看法筆者是基本同意的，但需要稍作補充的是，太虛的著作中其實也經常批評「天的佛教」，如其謂：「故『人生佛學』者，當暫置『天』、『鬼』等於不論。且從『人生』求其完成以至於發達為超人生、超超人生，洗除一切近於『天教』、『鬼教』等迷信；依現代的人生化、群眾化、科學化為基，於此基礎上建設趨向無上正遍覺之圓漸的大乘佛學。」〔註55〕

〔註51〕麻天祥：《晚清佛學與近代社會思潮》，開封：河南大學出版社，2005 年，108 頁。

〔註52〕印順：《略論虛大師的菩薩心行》，見《印順法師佛學著作集》23 冊，印順文教基金會光碟版，2006 年，339 頁。

〔註53〕印順：《〈臺灣當代淨土思想的動向〉讀後》，見《印順法師佛學著作集》29 冊，印順文教基金會光碟版，2006 年，101 頁。

〔註54〕楊惠南：《當代佛教思想展望》，臺北：東大圖書公司，1991 年，98 頁。

〔註55〕太虛：《人生佛學的說明》，見印順編：《太虛大師全書》（冊 3），印順文教基金會光碟版，2006 年，208～209 頁。

　　事實上，印順對於「天的佛教」的批判，也是立足於太虛的基礎上更進一步。太虛所說的「天教」，指的是佛教密宗等宗派中天神崇拜的元素，而印順則認為，大乘佛教興起後佛弟子們對於「佛」的神化，如謂：「諸佛世尊皆是出世，一切如來無有漏法，諸如來語皆轉法輪，佛以一音說一切法，世尊所說無不如義，如來色身實無邊際，如來威力亦無邊際，諸佛壽量亦無邊際。」〔註56〕這類說法，實為「佛弟子對佛的永恆懷念」而導致其形成，從而佛教「理想化的、信仰的成分加深，與印度神教，自然的多了一分共同性。」〔註57〕從而佛的形象「不免漸漸的理想化、神化，而失去了『如來兩足〔人〕尊』的特色」。〔註58〕在印順看來，不僅佛教後期的天神崇拜需要批判，大乘佛教對於佛的神格化塑造也同樣需要揚棄，認為佛陀只是「世間的真實導師」，這一更加理性的認識，是對傳統大乘佛教信仰充滿敬意的太虛所未能做到的。

　　所以，印順曾總結說：「我與大師間的不同，除個性不同外，也許我生長的年代遲些；遵循大師的研究方針，世界性（佛教）的傾向更多一些。我雖『不為民族情感所拘蔽』，而對流行於印度或中國的『怪力亂神』，『索隱行怪』的佛教，與大師同樣的不會尊重他們，也許我還是個真正的中國人。」〔註59〕據此亦可知，印順「人間佛教」思想中的比較徹底的理性化特質，除了「世界性」的學術視野，也源於其對於中國文化的認同，作為「真正的中國人」的印順，儒家講的「子不語怪力亂神」之類，也是對他有影響的。

　　此外，印順對太虛思想的超克和揚棄，又體現在治學態度和方法的理性化上。藍吉富指出，印順在「治學時，一味求真求實，期能研求出真正的佛法。他不迎媚時流，更不為中國既往的傳統所拘宥。即使面對的是他心目中所最欽仰的太虛大師，如果在佛學領域中有不同的看法，他也不致因為彼此情誼而扭曲己見。」最為可貴的是，他「不迎合信徒，不走世俗經營寺院的路線，能夠甘於枯淡，而將『研求佛法』作為畢生堅持的目標。」〔註60〕

〔註56〕《異部宗輪論》卷一，見《大正藏》第49冊，15頁。
〔註57〕印順：《契理契機之人間佛教》，見《印順法師佛學著作集》24冊，印順文教基金會光碟版，2006年，41頁。
〔註58〕印順：《契理契機之人間佛教》，見《印順法師佛學著作集》24冊，印順文教基金會光碟版，2006年，34頁。
〔註59〕印順：《〈臺灣當代淨土思想的動向〉讀後》，見《印順法師佛學著作集》29冊，印順文教基金會光碟版，2006年，101頁。
〔註60〕藍吉富：《印順佛學思想的特質及歷史意義》，見《二十世紀的中日佛教》，臺北：新文豐出版公司，1991年。

　　近現代以來，隨著「西學東漸」的日趨深入，佛教研究的方法也隨之受到了西方「新史學」的影響，文獻考據和歷史主義的研究路徑，漸漸傳播開來。從湯用彤、胡適以及南京的支那內學院致力佛學研究學者的成績來看，以客觀理性方法研究佛教，呈現出兩方面的結果：其一，對於佛教的教義進行理性化的祛魅，使得傳統上標榜「信解行證」的純粹佛教信仰予以淡化，加強了佛學的思辨特質；其二，利用文獻考據的方法，對佛教三藏經典進行所謂的「真偽抉擇」，這導致了以往被視為中國佛學理論根基的《大乘起信論》、《楞嚴經》等書，被發現竟皆為中國人所創作的「偽經」。對此，太虛深感憂慮，深恐在歷史理性觀念的衝擊下，動搖漢傳佛教的根基。——由於對《大乘起信論》是「偽經」的裁定，肇始於日本學者，其考據成果又影響到了支那內學院的歐陽竟無、呂澂等人。太虛在《評〈大乘起信論考證〉》一文中對這種立足於考據學的佛教研究方法進行了頗有些「衛道士」風格的批評，他說：

　　　　要知西洋人之學術，由向外境測驗得來，乍觀一層粗淺零碎皮相，後人憑藉以條貫整齊之，更進察其隱微，於是日趨完密，或因而又發現另一物焉。不然者，則向學說上推論得來。甲立一說而乙駁之，甲乙相駁之下，兩派之短畢彰，兩派之長盡露，於是有丙者起，除兩派之所短，集兩派之所長，而著後來居上之效，故有發達進化之程序可推測。而東洋人之道術，則皆從內心薰修印證得來；又不然、則從遺言索隱闡幽得來。故與西洋人學術進化之歷程適相反對，而佛學尤甚焉。用西洋學術進化論以律東洋其餘之道術，已方枘圓鑿，格格不入，況可以之治佛學手？吾以之哀日本人、西洋人治佛學者，喪本逐末，背內合外，愈趨愈遠，愈說愈枝，愈走愈歧，愈鑽愈晦，不圖吾國人乃亦競投入此迷網耶！

　　太虛認為：「以佛學言，得十百人能從遺言索隱闡幽，不如有一人向內心薰修印證，一朝證徹心源，則剖一微塵出大千經卷，一切佛法皆湛心海。應機施教，流衍無盡，一切名句文皆飛空絕跡，猶神龍之變化無方。」〔註61〕——顯然，這是擺明了立足於傳統的佛教強調體驗自心的「修證」的義學方法，來抵制理性化的佛學研究。而印順對待此問題的看法，則顯然更加客觀，沒有那

〔註61〕太虛：《評〈大乘起信論考證〉》，見《太虛大師全書》25 冊，印順文教基金會光碟版，2006 年，29～37 頁。

麼多的情緒化的表述。1950 年，印順在《〈大乘起信論〉講記》中通過對《起信論》真偽之爭始末的回顧，尤針對內學院一系因文本證偽而全盤否定抹殺其思想價值的態度，作出一番公允切要的評述：

> 即使考證得非馬鳴作、非真諦譯，《起信論》的價值，還得從長討論。我的看法是：一、印度傳來的不一定都是好的。……二、中國人作的不一定就錯。……在佛教思想上，《起信論》有它自己的價值。這不能和鑒別古董一樣，不是某時某人的作品，就認為不值一錢！……站在唯識學的立場，評論《起信論》的教理不對，這不過是立場的不同，衡量是非的標準不同，並不能就此斷定了《起信論》的價值。……現在來研究佛法，對各部各派的教理，可以比較、評論，但切不可專憑主觀，凡是不合於自宗的，就以為都是不對的、錯誤的。這種宗派的獨斷態度，是萬萬要不得的。站在唯識的立場，說別宗不對，不合正理；別的宗派，也可以站在另一立場，說唯識的不對，不符正理；但決不會因此而問題就解決了。我覺得，唯識學者對於《起信論》，應以討論、商榷的態度，不應以「同我則是，異我則非」的態度來否定起信論。然對於以唯識融會《起信論》，似乎也終於多此一舉。《起信論》與唯識論，各有獨特的立場，……所以，我們先應瞭解他們的不同；不要偏執，也不要附會。先明白各論的特殊意義，再來考慮它在佛法中的地位。〔註62〕

印順既不否定文獻考據的有效性，也能兼顧「同情理解」有關問題的歷史背景，從而能夠平情立言，這種通達明斷之理性的治學態度，在他有關《起信論》的意見中可見一斑。印順平生的佛學研究，也正奠基在這種歷史主義的視野之上，使得其佛學作品具有長遠的生命力，正如藍吉富所說的，印順「具有歷史意識。他雖然未曾受過學院的史學訓練，但仍具有過人的史識與精審的史法。他的治學特色，是先行探求歷史發展的真相，然後再給各義理體系作客觀的批評。」〔註63〕總結印順在佛學研究上的貢獻，要之有以下重要幾項：

〔註62〕印順：《大乘起信論講記》，見《印順法師佛學著作集》7 冊，印順文教基金會光碟版，2006 年，7～10 頁。

〔註63〕藍吉富：《印順佛學思想的特質及歷史意義》，見《二十世紀的中日佛教》，臺北：新文豐出版公司，1991 年。

（1）強調、而且弘揚《雜阿含經》等原始佛典的重要性，並繼呂澂之《雜阿含經刊定記》之後，再作精密的探索，而有《雜阿含經論會編》行世。

（2）將印度佛教的發展，分成「佛法」（包含根本佛教、原始佛教、部派佛教）、「大乘佛法」、「秘密大乘佛法」三階段。以為三階段的不同佛典，是四悉檀的分別開展。「佛法」的「第一義悉檀」，是一切法的根源，代表經典是以《相應部》（雜阿含）為主的《四阿含》。「大乘佛法」初期的「大乘空相應教」，相當於「對治悉檀」；後期的「真常不空如來藏教」，相當於「為人生善悉檀」。而「秘密大乘佛法」，則猶如「世間悉檀」。

（3）發現大乘佛法產生的主要原因，是「佛涅槃以後，佛弟子對佛的永恆懷念」所逐漸發展形成的。他以為這一原因，正是理解從「佛法」發展到「大乘佛法」的總線索。

（4）對大乘佛法的思想，作新穎的判攝。主張大乘佛教思想可分為：性空唯名、虛妄唯識、真常唯心等三系。這是創說於1941年的著名的「大乘三系教判」。

（5）對於佛法中的空義——《阿含》的空與龍樹思想中的空，有透闢的發揮與解析。他以為「《阿含》的空，是重於修持的解脫道。部派的空，漸傾向於法義的論究。《般若》的空，是體悟的深奧義。龍樹的空，是《般若經》的假名、空性，與《阿含經》緣起、中道的統一。」

（6）我國的中觀學發展到唐代，由嘉祥吉藏集其大成。但是吉藏之後，則後繼無人。千餘年之後，才由印公再興斯學。他的《中觀論頌講記》、《中觀今論》、《性空學探源》等書，不只對龍樹的中觀思想有精闢的抉發，而且對中觀的思想淵源也有超邁前人的透識，他以為中觀思想是《阿含經》思想的通論，並且以為《阿含》、《中觀》思想是一系相承的佛法核心。

（7）對中國佛教的主流思想，有大異明清以來傳統佛學界的看法。此外，其《中國禪宗史》一書，對印度禪如何演化為中華禪的關鍵所在，也有新穎而深入的解析。

　　（8）在佛法的信仰價值方面，他主張（原始）佛法比大乘佛法、秘密大乘佛法更為純正。在大乘三系中，以「性空唯名系」最為近真，而「真常唯心系」則較為偏離。並主張人間佛教比天乘佛教（密教）更可信。〔註64〕

　　貫穿歷史理性的治學方法，體現在印順的「人間佛教」思想上的結果，正如吾友唐忠毛兄指出的：「印順法師在太虛大師『人生佛教』的基礎上，提出的『人間佛教』理念，體現了強烈的人本關懷和現實關切。印順從人本意義上來理解佛陀的本懷，並將『佛性』歸為『人性』之中，提出『人成即佛成』的人間佛教理念。印順指出，『成佛』實際上就是人性的淨化，即揚棄眾生性，完善人的正性，最終獲得人性的圓滿──佛性的證成。為了闡述『人本』、『人間』的立場，印順首先指出釋尊也是『生身』，也是『即人而成佛的』。而就太虛的方法而言，「太虛『人生佛教』尋求的一切適應社會的改革、對民間信仰觀念的啟導以及用西洋的科學知識和各種現代思想進行的佛教詮釋等等，都不可能是對佛教進行的一種實證知識解釋的『理性化』的祛魅，而是立足於根本『信仰』基礎上的融通與方便。」〔註65〕──在筆者看來，太虛的「理性化」，限於針對社會人生問題的「價值理性」，而印順在這一問題上的超越，則又體現在方法論上的工具理性、以及認識論上的歷史理性，使得「人間佛教」思潮「祛魅」的現代化歷程向前大步拓進。

　　「人間佛教」之思潮，由太虛在20世紀30年代篳路藍縷，奠基草創，印順則在太虛的基礎上繼續開拓完善其理論體系。深受印順思想影響的法鼓山聖嚴，生前接受《印順導師傳》紀錄片的採訪時曾說，在臺灣人間佛教的發展歷程上，「導師是『酵母』，我們則是『饅頭』」，克實而言，後世臺灣以「四大道場」為主導的佛教事業發展，正是對太虛、印順的有關思想比較成功的社會實踐，就「人間佛教」思想體系的本身而言，在這些後輩的實踐者中，則尚未見有更進一步的實質性發展。

─────────────

〔註64〕藍吉富：《印順佛學思想的特質及歷史意義》，見《二十世紀的中日佛教》，臺北：新文豐出版公司，1991年。

〔註65〕唐忠毛：《「心」「法」之間──從太虛對佛教考據學的態度看現代佛教的詮釋困境》，見《佛教與現代化》（上），北京：宗教文化出版社，2008年，248～250頁。

光復以來臺灣佛教的「祖國化」歷程

　　光復以前的臺灣佛教，在構成上多元並存，從民眾的信仰形態上來講，流行「神佛不分」的佛教，也就是與閩臺地區民間神話中的媽祖、大道公，乃至道教神靈玉皇、呂祖、關公等神靈混淆不分的「香火經懺」型信仰形態。從居士群體來講，則盛行「齋教」，齋教的來源是清代輸入臺灣的一支秘密宗教，主要分為先天、龍華、金幢三派，其形成與白蓮教和羅教有關，並揉合儒家與道教的部分思想，由在家修行者傳襲，提倡吃素，稱其神職人員為菜姑、菜公，民間稱之為「在家佛教」。1895 年後，臺灣被日本帝國主義殖民，在宗教政策上，日據臺灣「總督府」選擇了扶植在臺灣有一定群眾基礎的佛教為統治和宣傳工具，輸入以「王法為本，鎮護國家」為標榜的日本佛教理念，企圖使臺灣佛教走向「日本化」。

　　1915 年，齋教徒余清芳所發起的反抗日本的殖民統治的「西來庵」事件被鎮壓，使日本當局認識到管控佛教的重要性。1916 年，在當局的指使下，臺北齋教徒林普易和陳太空倡議成立「臺灣佛教青年會」，該會在日本曹洞宗大石堅童的主持下起草了會則章程。其中稱：「恭誦明治天皇教育敕語所云，國之治亂興廢，在宗教與教育之適否，觀於日俄、日德兩大役，咸奏成功，謂非宗教教育適宜，焉能有此忠君愛國之精神乎。」[註 1] 在日本佛教界的掌控下，該會以「皇國一體」思想為標榜，此後臺灣齋教的多數分支逐漸納入了日本佛教曹洞宗的系統中。1922 年，在日本統治者扶植下，「南瀛佛教會」成立，歷任該會會長者，皆日本當局在臺的社寺課長、內部局長和文教局長。該會宗

────────────

〔註 1〕瞿海源：《重修臺灣省通志》卷 3，臺北：臺灣省文獻委員會，1992 年，109 頁。

旨以向臺灣人民宣傳日本佛教理念與殖民思想為目的，涉及的內容有：神社宗教問題、皇國精神、日本佛教史、淨土真宗（日本）概論、皇國的國體、興禪護國等。〔註2〕同時，日本當局大量派遣僧侶赴日本接受培訓和教育，讓他們回臺後主動配合當局推動的臺灣佛教之「日本化」。——日據時期的臺灣佛教，不僅在思想上受到殖民統治的毒害，在傳統的戒律問題上，也逐漸被默許娶妻食肉的日本佛教所同化。鑒於佛教在臺灣島內民眾信仰中的重要性，1945年臺灣光復至國民黨政府遷臺後，如何使臺灣佛教脫離殖民色彩，重建祖國大陸佛教的正統地位，成為一項刻不容緩的重要工作。

近些年來，島內某些學者提出了一類「臺灣佛教主體性」的論調，正如有學者指出的：「近些年來臺灣佛教界特別強調臺灣本土化意識和臺灣佛教主體性。……一些人刻意追求與大陸佛教相區別、相疏離的臺灣本土佛教的主體性。這或許可以稱之為『去大陸化』，『去大陸化』實質就是『去中國化』。」〔註3〕這類「臺灣佛教主體性」的說法中，特別強調日據時期日本佛教對當代臺灣佛教的影響，將其重要性抬高到至少與祖國漢傳佛教並列的程度，而我們梳理和回顧戰後臺灣佛教逐漸深入的「祖國化」歷程，則可發現這類說法是與史實相悖的。

一、恢復漢傳佛教制度：以「大仙寺傳戒」為標誌

1946 年 10 月，「中國佛教會」於南京召開會議，將臺灣的佛教組織重新納入會中，成立「臺灣佛教分會」。日本殖民者撤出臺灣後，其原有的佛教寺院和相關產業，大多被國民政府以敵產的名義查封或沒收。光復後的幾年間，日據時期有不小影響的臺籍僧侶若善慧（1881～1945）、真常（1900～1946）、本圓（1883～1947）等相繼離世，而此期間大陸僧侶因戰亂陸續來臺，逐漸獲得了臺灣佛教的領導權。日本佛教的影響迅速萎縮。

不過，就當時臺灣本地的僧侶狀況而言，仍存在類似日本佛教的「僧俗不分」的現象，如東初法師（1908～1977）在《瞭解臺灣佛教的線索》文中指出的：「臺灣全省出家眾能夠受佛制淨戒的，比丘中百分之十，比丘尼中百分不及一。故從根本律儀說，臺灣許多出家眾不能目為比丘僧或比丘尼。他們忽視

〔註 2〕瞿海源：《重修臺灣省通志》卷 3，臺北：臺灣省文獻委員會，1992 年，122 頁。

〔註 3〕何建明：《人間佛教與臺灣佛教的主體性探索》，見《宗教學研究》2004 年 3 期。

律儀教育的原因，不能不說是受日本佛教的影響。」〔註4〕作為親歷者的臺籍僧侶通妙（後還俗名吳老擇），亦謂：「從日本佔據臺灣以後，臺灣佛教受日本真宗的影響很深，娶妻食肉，也可以住持寺廟，稱為僧寶，受人禮拜皈依；因此，僧俗混雜，造成僧格的普遍低落。這種現象，自臺灣光復以來才有逐漸改正的情緒，但這種陋習還是很普遍。」〔註5〕面臨這類狀況，島內的愛國僧侶深感痛心疾首，呼籲改變，有人提出：「臺灣不但領土光復了，而政治、文化、教育等方面也全部光復了。然而我們看今日臺灣的佛教是怎樣呢？今日臺灣佛教的一切制度，還是同日據時代沒有什麼差別，絲毫沒有中國化，換句話說，就是臺灣的佛教尚未光復。」〔註6〕因此，利用漢傳佛教的重新發展來恢復傳統，藉以淘汰不合格的日據時期的僧侶，成為受到國民黨政府支持的整頓臺灣佛教的重要手段，「曾在日治時期受日本佛教深刻影響的臺灣本土佛教僧尼或齋教徒，被迫必須接受其所謂『去日本化佛教』的再教育或相關的改造運動。」〔註7〕1953年，臺南白河大仙寺舉行的大規模傳戒活動，則是臺灣佛教整體重新「祖國化」的轉折點。

此次傳戒由臺灣的「中國佛教會」發起，由該會實際上的主事者白聖法師（1904～1989）主導，傳戒由開參法師任得戒阿闍黎、智光法師任說戒師、太滄法師任羯磨師、道源法師任教授師，證蓮、南亭、慧峰、煮雲等法師任尊證師。白聖法師任開堂、戒德法師任陪堂。廣慈、淨念、浩霖等法師分任引禮、引贊、糾察。求戒者有比丘40人、比丘尼132人、沙彌3人、沙彌尼1人、在家菩薩戒82人、五戒197人。此次傳戒活動中，白聖法師從恢復漢傳佛教的傳統角度，定下了七條戒壇規矩：（一）必須捨家離俗，具足僧像，方可受比丘大戒。（二）出家者，不得穿俗裝，如無信服，限三日內做成，否則退受居士戒。（三）無論出家在家，須一律投拜僧寶為師，方許受戒；如有拜在家人為師者，須速改之，否則一律不准受戒。（四）凡受居士戒者，絕對不准收徒。（五）不准寄戒〔註8〕，（寄戒）一律取消。（六）異道前來受者，必須宣誓改邪歸正。

〔註4〕張曼濤主編：《現代佛教學術叢刊・臺灣佛教篇》，臺北：大乘文化出版社，1978年，111頁。

〔註5〕通妙：《太虛大師與臺灣》，見《海潮音》第38卷第3號，1957年3月，47頁。

〔註6〕心悟：《從大仙寺傳戒說到戒法的作用》，見《人生》第5卷第2期，1953年2月，4頁。

〔註7〕江燦騰主編：《戰後臺灣漢傳佛教史》，臺北：五南圖書出版有限公司，2011年，127頁。

〔註8〕本是俗人身份卻穿著僧侶服裝，稱比丘、比丘尼，名為「寄戒」。

（七）自受戒日起，絕對禁止煙、酒、茹葷。〔註9〕這七條規矩嚴格分別僧俗，強調僧人對佛教的絕對主導。就僧人必須穿著僧服、禁煙酒葷食等規定，以及必須以僧為師、居士不可收徒等要求來看，無疑是著意徹底清除日本佛教殘留的「僧俗不分」佛教制度的影響，此次傳戒後所舉行的同類活動，皆延續了上述規則。——大仙寺傳戒最具標誌性意義的一點則是，從此宣布，以後佛教界的傳戒（也就是取得僧人資格）的活動，必須由「中國佛教會」決定和主持，這一慣例持續到「解嚴」後。從該會20世紀50～60年代的會刊《中國佛教》的「重要公文」欄目上可以得知，此一時期該會因傳戒等各項公務與「內政部」往來電文非常頻繁，在國民黨當局的支持下實現了對臺灣佛教界的控制。

20世紀50年代通過「中國佛教會」組織的傳戒活動，對清除臺灣佛教殘餘的日本殖民佛教的影響起到了重要作用，在此期間參加了傳戒活動的本省籍比丘尼智道的感言應代表了當時廣大愛國僧侶的共同心聲，她說：「過去日據臺灣五十年來，險些兒把佛教弄成破產。日僧只因有他國家環境的關係提倡繁殖人口，於明治維新的時候就改革了僧制，迫使僧侶配偶。他們對於吃肉一戒也不重視。因為有他們的自由風氣流進了臺灣，使臺灣一般輕浮的僧伽，隨波逐浪，順風揚旗把舊有的佛教改換了面目。……幸得臺灣光復祖國，又幸得值遇具有眼光的先覺，察知臺省佛教的弊病，急以營救，提倡傳戒受戒，奪返佛教舊有的光澤，這是臺灣的一大幸事，也是佛種不絕於佛門的一大幸事。」〔註10〕臺灣學者楊惠南指出：「1949年，國民政府遷臺，隨即推行國語政策，並透過遷自中國大陸的中國佛教會理事長白聖法師，以傳戒等方式，迫使上述明清和日據時期以來的臺灣本土佛教傳統，迅速『祖國化』，成為以中國大陸僧侶為主導的臺灣佛教『新正統』。」〔註11〕大仙寺傳戒這一事件則被視為臺灣佛教戰後走向「祖國化」的標誌。

二、「人間佛教」思潮在臺灣的開展

由「中國佛教會」主導的恢復漢傳佛教傳統制度的傳戒活動，逐步肅清了

〔註 9〕見曄：《走過臺灣佛教轉型期的比丘尼：釋天乙》，臺北：中天出版社，1999年，21～22頁。

〔註10〕智道：《我受了三壇大戒》，見《菩提樹》1954年24期，29頁。

〔註11〕楊惠南：《解嚴後臺灣新興佛教的現象與特質——以「人間佛教」為中心的一個考察》，見《「新興宗教現象研討會」論文集》，臺北：中央研究院社會學研究所，2002年，190頁。

日本殖民佛教在臺灣的殘餘影響，也為祖國大陸佛教思潮在臺灣的弘揚奠定了基礎。1950 年以後，早年在大陸弘揚「人生佛教」理念的太虛法師（1890～1947）的門下弟子若慈航法師（1893～1954）、印順法師（1906～2005）等成為臺灣佛教的中堅力量，太虛的這些後學們繼承了老師佛教現代化改革的理念，開展「人間佛教」，影響島內佛教學風。

在 20 世紀 30 年代前後，以太虛為代表的中國佛教界的有識之士，目睹當時佛教日益衰微的危機，並針對佛教界脫離現實社會等諸多嚴峻問題，適時地提出了「人生佛教」這一發展方向，希圖佛教能夠立足於現世人生，破除迷信，以便與現代社會的科學民主思想相適應。指出現代佛教應是一種「為人生的佛教」，如他嘗謂：「佛教的本質，是平實切近而適合現實人生的，不可以中國流傳的習俗習慣來誤會佛教是玄虛而渺茫的；於人類現實生活中瞭解實踐，合理化，道德化，就是佛教。」〔註 12〕「人生佛教」與「人間佛教」這兩個概念並用於太虛的著作中，其本人較習用「人生佛教」，太虛的後學們則更習用「人間佛教」的提法，直至於今。

太虛弟子中較早來臺弘法者為慈航。1948 年秋，慈航法師應中壢圓光寺妙果和尚邀請來臺辦學，並致力宣揚人間佛教思想。他提出，當代佛教必須拋棄傳統的迷信神怪等落後成分，開展「三大救命環」，亦即慈善、文化、教育三方面的事業。他標榜「以佛心為己心，以師志為己志」，這裡的「師志」即謂太虛的佛教現代化思想。〔註 13〕慈航嘗謂：「真正的佛教，不是一般人所卑視的那種迷信和消極的見解。所以我把他換一個面目：佛教不叫鬼間佛教、神間佛教、天間佛教、地間佛教，而說是『人間佛教』。意思就是說：佛教要到人間去，教化人民，利益人群。」〔註 14〕慈航法師可算是光復後來臺傳播祖國大陸佛教「人間佛教」思潮的先行者。

因慈航法師於 1954 年便已辭世，事實上，戰後於臺灣推動人間佛教思潮最力，且最具學術品質，可稱為佛教界精神領袖者，當推印順法師。印順人間佛教思想體系的完成約在 20 世紀 50 年代。他於 1951 年前後在香港發表了《人間佛教緒言》、《從依機設教來說明人間佛教》、《人間佛教要略》諸

〔註 12〕太虛：《人生的佛教》，見印順編：《太虛大師全書》3 冊，新竹：印順文教基金會光碟版，2006 年，328 頁。
〔註 13〕參見闞正宗：《重讀臺灣佛教——戰後臺灣佛教（正編）》，臺北：大千出版社，2004 年，10 頁。
〔註 14〕李子寬：《臺灣通訊》，見《海潮音》第 29 卷第 9 期，1948 年，255 頁。

文，倡導佛教參與世間、於人間成就佛道的佛學理念。1952 年，印順應國民黨元老、佛教居士李子寬的邀請，作為「代表」出席在日本召開的世界佛教友誼會第二屆大會，並以此契機遷居臺灣，從此居於島內，潛心佛法，教導來學，影響深廣。

印順法師的人間佛教思想，與乃師太虛在教理選擇上有一定差異。太虛平生以漢傳佛教的「八宗並弘」為理想，旨在將不同宗派的學說調和為一爐，擅長「圓融」；印順則認為，中國佛教在後期的衰落，乃是因為一些宗派的發展方向出現了錯誤，偏離了佛陀本懷所致，因此，為解決此問題，他更強調研究佛學的歷史發展脈絡，從而抉擇出什麼是更契合佛陀原貌的佛教，故對當前流行的佛教教義有所反思和批評。不過，在佛教應進行現代化轉型，破除迷信這方面來看，印順則全面繼承了乃師的宗旨，他嘗謂：「釋迦牟尼佛，不是天神，不是鬼怪，也從不假冒神子或神的使者。他老實的說：『諸佛世尊，皆出人間，非由天而得也』。……佛是由人而成佛的，不過佛的斷惑究竟，悲智功德一切到達無上圓滿的境地而已。」〔註 15〕印順來臺後歷任善導寺、福嚴精舍、慧日講堂、妙雲蘭若住持，以及福嚴佛學院、華雨精舍、妙云講堂導師。他多次前往國外弘法，並全面開展佛學研究，幾乎不遺鉅細地梳理了中印佛教史的全部重要領域，撰書數十種，蜚聲士林，獲「玄奘以後第一人」之令譽。

近年來，不少臺灣佛教史學者強調印順法師思想在臺灣的重要影響，這固然是毫無爭議的，但「近些年來臺灣佛教界特別強調印順人間佛教思想與太虛人生佛教思想的差異，與其所追尋的臺灣本土化意識和臺灣佛教主體性的重新確立有直接關係」〔註 16〕。——個別人特別樂於強調印順法師生前對漢傳佛教中一些宗派思想的批判，藉此突顯「臺灣人間佛教」與漢傳佛教的差異。王雷泉亦指出：「1987 年臺灣解嚴之後，在對中國傳統佛教進行信仰和學理的反省批判的背後，是否也游蕩著政治性的『臺獨』陰影？矛盾錯綜複雜，問題異常敏感，但實在是不容忽視。」〔註 17〕事實上，就印順法師本人而言，他一向以中國佛教人士自居，1994 年在 88 歲高齡之際還來大陸參訪故地。印順生

〔註 15〕印順：《佛在人間》，見《印順法師著作集》14 冊，新竹：印順文教基金會光碟版，2006 年，23～24 頁。

〔註 16〕何建明：《人間佛教與臺灣佛教的主體性探索》，見《宗教學研究》2004 年 3 期，186 頁。

〔註 17〕王雷泉：《第三隻眼看臺灣佛教》，見《佛教文化》1999 年第 1 期，7 頁。

前對於漢傳佛教教理的某些反思，本身是鑒於宋元以來中國佛教的逐漸衰落，出於正本清源的目的而做出的一些理論探索，決非另起爐灶。2002 年，印順在年近百齡時寫下的一段話，仍顯露出他對祖國文化與中國佛教的拳拳之心，他說：「中國佛教是偉大而莊嚴的，不過那已是過去的歷史，臺灣佛教是在日本皇民化政策下，逐漸感染了娶妻食肉的陋習，國民政府撤退來臺時，臺灣佛教正處於老弱的傳統佛教與日本佛教的陋習中，在一大批大陸來臺佛教菁英，如白聖、慈航、東初、道安等的帶動下，更革了原有日據佛教的弊端，重新延續了中國佛教的法脈，實踐人間佛教的理念，並體現出人間佛教的新模式。」〔註18〕印順這段話實際上也是對戰後臺灣佛教從「去日本化」走向「祖國化」發展的一個鳥瞰。

在人間佛教思潮的影響下，島內佛教逐漸形成了新的主流，1970 年後，佛光山、法鼓山、慈濟基金會以及中臺禪寺之佛教「四大道場」崛起。在這四個派系中，佛光山、法鼓山、慈濟基金會皆以開展「人間佛教」為旗幟，即使是提倡傳統禪修的中臺禪寺，其不少佛學理念顯然也受到了人間佛教思潮的影響。已故的法鼓山開山宗主聖嚴法師便坦陳：「現代化佛教的發軔，是因民國初年太虛大師大聲疾呼『人生佛教』、『人間佛教』、『人間淨土』，他的學生印順導師，也根據《阿含經》提倡『佛在人間』，以呼應太虛大師的『人成即佛成』的理念。我的人間淨土的思想，雖跟他們略有不同，卻也深受他們的影響。事實上，包括今日臺灣的佛光山及慈濟功德會，也受太虛大師以及印順導師理念的影響所及。」〔註19〕人間佛教已成為當代臺灣佛教的主流思潮，而人間佛教思潮本身則是漢傳佛教在現代社會中的轉型開展，同時也是臺灣佛教「祖國化」的發展方向。

三、人間佛教與禪宗思想的合流

在「人間佛教」所完成的近現代佛教世俗化轉向的過程中，千年餘來作為中國佛教主流的禪宗成為其取之不竭的思想資源，早年太虛已然指出「中國佛學特質在禪」，「中華之佛教如能復興也，必不在於真言密咒與法相唯識，而仍在乎禪，禪興則元氣復而骨力充，中華各宗教之佛法，皆藉之煥發精彩而提高

〔註18〕印順：《〈臺灣佛教叢書〉序》，見惠空主編：《臺灣佛教叢書》，臺中：太平慈光寺，2006 年。
〔註19〕聖嚴：《人間世》，見《法鼓全集》2007 年網絡版，第 8 輯 9 冊，41 頁。

格度矣。」〔註20〕「人間佛教」思潮作為當代臺灣佛教界主流思潮，無疑是一次佛教史上的「維新」，而縱觀歷史上的一切思想革新運動，任何成功的改革，都是比較巧妙地繼承和融合了傳統的可利用成分，與禪宗思想的相互融合乃至合流，成為了20世紀後期至今臺灣人間佛教發展的一個重要特色。

早在臺灣的日據時期，佛教界便有所謂的「四大法派」的說法，為基隆市靈泉禪寺的月眉山派，原臺北縣五股凌雲禪寺的觀音山派，苗栗縣大湖法雲寺的法雲派，原高雄縣岡山超峰寺的大岡山派。而戰後由於大陸僧侶大批遷入臺灣，極力推動佛教的「去日本化」而走向「祖國化」，這「四大法派」的影響日漸減弱。到了20世紀70年代，臺灣佛教的「祖國化」的完成，則應以「新四大道場」的興起為標誌，這便是星雲開創的佛光山、聖嚴開創的法鼓山、證嚴的慈濟基金會以及惟覺的中臺禪寺。新四大道場所引領的佛教信眾，目前已佔據了島內的泰半以上。這四派中，星雲、聖嚴均以人間佛教為旗幟而同時倡導禪宗，星雲法師提出所謂的「人間生活禪」，自述其緣起謂：「禪師們以不同的生命特質，向世人說明無論是教禪、論禪，或行禪、修禪、參禪，禪，都不離人間。……即因其最接近佛陀人間佛教的本懷；這也是我將佛光禪法定名為『人間生活禪』的原因。因此，何謂『人間生活禪』？慈悲喜捨、廣結善緣、直下承擔、精進奮發、不變隨緣、依戒生活、知足淡泊……，無一不是『人間生活禪』！」〔註21〕融合了人間佛教注重現世人生的理念而發揮禪宗教義。聖嚴法師本以禪師名世，他於法鼓山則提出了所謂「中華禪」。他說：「我們法鼓山的禪法是結合了《阿含經》，並且運用中國禪宗的特色，而貼切、適應著今天的時代環境，在態度上是開放的，在觀念和方法的立足點上，則本於中國的禪宗。」〔註22〕同時聖嚴亦把禪宗思想作為其所倡導的「提升人的質量，建設人間淨土」之理念的理論基礎，以禪宗是其學說的「命脈所繫」〔註23〕。惟覺的中臺禪寺本以開展中國傳統的禪宗法門為特色，雖未明確提出人間佛教的說法，但其所標榜的佛教「五化運動」──即科學化、學術化、教育化、藝術化、生活化，這類與現代社會文化調適的理念，顯然也無外是受到了人間佛教思潮的影響。

〔註20〕 太虛：《評寶明君〈中國佛教之現勢〉》，見印順編：《太虛大師全書》25冊，新竹：印順文教基金會光碟版，2006年，103頁。

〔註21〕 星云：《〈佛光禪入門〉序》，見《人間佛教序文選》，高雄：佛光山宗務委員會印行，2008年，404頁。

〔註22〕 聖嚴：《承先啟後的中華禪法鼓宗》，見《法鼓報》2006年6月1日第8版。

〔註23〕 聖嚴：《承先啟後的中華禪法鼓宗》，見《法鼓報》2006年6月1日第8版。

　　禪宗本身便是歷來被公認的漢傳佛教中最典型的「中國化」佛教派別，所謂「佛法在世間，不離世間覺」，禪宗實際開創者慧能的關於佛法不離世間，於人間修行佛道的思想，也正是 20 世紀以來人間佛教思潮所倡導的。類似的理念，在作為禪宗「宗經」的《壇經》中早已屢見不鮮，若其中云：「一切經書及文字，小大二乘十二部經，皆因人置，因智慧性故，故然能建立。若無世人，一切萬法本亦不有。故知萬法，本從人興，一切經書，因人說有」〔註24〕之類的說法皆是如此。至於後世禪宗古德之語錄如謂「日日是好日」、「平常心是道」、「寒便向火，熱即搖扇。饑時吃飯，困來打眠」、「神通及妙用，運水與搬柴」，包括趙州「吃茶去」之公案，皆可印證此點。禪宗自其發生時起，已開啟了中國佛教入世性轉向之先河，也為現代漢傳佛教中開展「人間佛教」做好了思想準備，就此而言，臺灣當代人間佛教與禪宗思想的合流，也是其佛教「祖國化」的進一步發展。

四、結語

　　近年來臺灣佛教史學界頗為流行「臺灣佛教主體性」的說法，宣揚此類理念者，多以日據時期臺灣佛教受到日本佛教的極大影響，認定這種影響一直延續到現在，構成了與大陸佛教不同的樣態，而體現了所謂「主體性」。我們回顧歷史可見，事實上，20 世紀 50 年代時，在臺灣愛國宗教人士的共同努力下，早已清洗了臺灣佛教的日本殖民痕跡，與日本佛教有關的僧侶在當時也一律被邊緣化。此後以「祖國化」為方向的「人間佛教」思潮的開展，完全是大陸赴臺愛國僧侶所主導，是對 20 世紀前期太虛法師在祖國大陸未竟之業的實踐，亦沒有任何證據表明他們直接受到過日據時期的日本佛教的影響。就日據時期的日本佛教對戰後臺灣佛教的正面影響而言，最多僅能說，臺灣佛教僧團因日本佛教的影響，在日據時期文化程度普遍有所提高而已，若是將之過分誇大為可與大陸佛教並列的一個思想源頭，恐怕是因來自一些非學術因素的干擾才會得出的不恰當結論。正如已故臺灣學者張曼濤所言，臺灣當代佛教是祖國大陸佛教「在臺灣新生，重新獲得發展」〔註25〕。這一「祖國化」歷程開展至今，仍為重要徑路。

〔註24〕楊曾文校寫：《敦煌新本六祖壇經》，北京：宗教文化出版社，2011 年，29 頁。
〔註25〕張曼濤：《現代佛教學術叢刊・臺灣佛教篇》【編輯旨趣】，臺北：大乘文化出
　　　　版社，1978 年。

當代臺灣人間佛教的
「世俗化」與「庸俗化」

　　據 2004 年統計，中國臺灣的佛教徒超過 800 萬人，約占臺灣總人口的三分之一。〔註1〕另據臺灣「中央社」2014 年報導，美國研究機構皮尤研究中心（Pew Research Center）所公布的《全球宗教多樣性報告》中稱，臺灣佛教信仰者逾總人口的 20%的比例〔註2〕（其實尚應考慮到該機構所統計的約達總人口 45%的「民間信仰」者中，亦應有相當大的比例可作為「廣義佛教徒」看待）。當前，佛教仍是臺灣影響最大的制度性宗教，對島內文化構建具有舉足輕重的重要影響。近半個世紀以來，臺灣佛教的團體組織日趨繁盛，佛學思想之發展與學術研究蓬勃發展。有學者指出，以 1980 至 2000 年的數據進行統計，這個時期臺灣佛教的信仰人數呈急速增長趨勢，而基督宗教的信仰人數則表現為停滯甚至萎縮，〔註3〕這即使從當代世界範圍內來講，也是宗教發展的罕見狀況，也從另外的角度說明了臺灣佛教勢力之強勁。

　　就當代臺灣佛教而言，以佛光山、法鼓山、慈濟基金會以及中臺禪寺之「四大道場」為主流，這一點是絕大多數學者所共同認可的。在這四個派系中，佛光山、法鼓山、慈濟基金會皆以開展「人間佛教」為旗幟，即使是提倡傳統禪修的中臺禪寺，其不少佛學理念顯然也受到了人間佛教思潮的影

〔註1〕黃延敏，楊磊：《臺灣佛教現代轉型初探》，見《臺灣研究》2013 年第 6 期。
〔註2〕《全球宗教多樣性指數評比 臺灣地區名列第2》，「中國新聞網」2014 年 4 月 17 日，http://www.chinanews.com/tw/2014/04-17/6075059.shtml。
〔註3〕參見何建明：《當代臺灣佛教與基督教間的一場深層次對話》，《普門學報》第 19 期，2004 年。

響。已故的法鼓山開山宗主聖嚴法師便坦陳：「現代化佛教的發軔，是因民國初年太虛大師大聲疾呼『人生佛教』、『人間佛教』、『人間淨土』，他的學生印順導師，也根據《阿含經》提倡『佛在人間』，以呼應太虛大師的『人成即佛成』的理念。我的人間淨土的思想，雖跟他們略有不同，卻也深受他們的影響。事實上，包括今日臺灣的佛光山及慈濟功德會，也受太虛大師以及印順導師理念的影響所及。」〔註4〕可以說，人間佛教思潮的開展，是當代臺灣佛教的主流方向。

臺灣人間佛教的開展，客觀地說，跟祖國大陸相比，不僅流行的時間長一些，社會民意基礎也更為紮實，不過，也同時存在「世俗化」過程中的得失參半的問題，值得我們作為鏡鑒之用。

一、人間佛教的「世俗化」進程與其在臺灣的現狀

現時代宗教的世俗化幾乎是伴隨著社會理性化程度的逐漸深化而同步進行的。所謂「世俗化」，在其理論倡導者彼得·貝格爾看來，意指在其過程中，社會和文化的一些部分擺脫了宗教制度和宗教象徵的控制，宗教本身亦儘量能使自己擺脫了神秘、奇蹟和魔力等傳統因素，事實上也就是韋伯所謂的「世界的祛魅」在宗教方面之表現。〔註5〕L·希納曾將世俗化的特徵總結為六個方面：（1）過去為人們所承認的象徵、教義和地位失去了威信和影響；（2）宗教團體和宗教社會不再對超自然感興趣，而對現世越來越感興趣；（3）社會擺脫了傳統的宗教影響，成為一個獨立的現實存在，並且把宗教限制在個人生活的範圍內；（4）知識、行為方式和神職的安排曾被認為來自上帝〔註6〕，現在變成了人的創造和責任的產物；（5）隨著人類和自然成為理性可以解釋和控制的對象，世界逐漸失去了它的神秘色彩；（6）世俗化到達頂點時將帶來一個新的社會，在這個社會裏一切決定都基於理性和功利的考慮，人們完全接受事物的變化。〔註7〕回顧 20 世紀初以來在社會現代化程度日益加深的中國社會中佛教的發展歷程，人間佛教思潮的開啟，正是較

〔註4〕聖嚴：《人間世》，見《法鼓全集》2007 年網絡版，第 8 輯 9 冊，41 頁。

〔註5〕參見〔美〕彼得·貝格爾：《神聖的帷幕——宗教社會學理論之要素》，高師寧譯，上海：上海人民出版社，第 128 頁，133 頁。

〔註6〕這裡的「上帝」顯然可以理解為任何宗教中的超自然力量。

〔註7〕L·希納：《經驗研究中的世俗化概念》，轉引自〔美〕馮德麥登：《宗教與東南亞現代化》，張世紅譯，北京：今日中國出版社，1995 年，12 頁。

為典型的「世俗化」維度。

　　近現代以來，面臨啟蒙文化的衝擊和影響，佛教對自身教義的「理性化」探索，強調哲學思辨的唯識學的復興，應已開啟了這一進路。「人間佛教」則應是佛教在 20 世紀世俗化過程的一個完成形態。若這一思潮的先行者太虛，早已明確指出現代佛教應是一種「為人生的佛教」，基於此種面向現世的關注，太虛積極反思傳統中的神秘主義弊端，以期淨化佛教，這也正近於韋伯所謂的「祛魅」，在太虛他們看來，「人間佛教」之真義，實亦迎請佛陀回到人間，使佛法因應時機地對治現實人生的種種問題。作為太虛後學的臺灣人間佛教的精神領袖印順則指出：「釋迦牟尼佛，不是天神，不是鬼怪，也從不假冒神子或神的使者。……他是世間的真實導師，人間的佛弟子，即是『隨佛出家』、『常隨佛學』。」〔註8〕

　　人間佛教對於現世社會開展關注的這一轉向，在現代社會中，宏觀地看，也是世界各大宗教的普遍現象，正如宗教史學家約翰・北川所指出的：

　　　　其他存在領域的喪失，已迫使現代宗教從「此世」──即這個世界的文化、社會與人類的性格之中，去發現人類的命運，而且，在人類歷史上，宗教或信仰，與社會政治、經濟和文化之間的關係，也從未有任何時期像今日這般受到重視。……目前我們所發現的是，對於現代世界的宗教，人們已逐漸理解，正如宗教人士必須經歷個人轉化的經驗，文化與社會也必須要更新，並賦予活力，以便在這個混沌不明與動盪不安的世界達成它的使命。因此，即使被一些人視為最注重來世的小乘佛教，也提倡以這個世界為中心的救世主義，認為佛教領袖必須追求「不隱居在寺廟的靜室裏追求達不到的涅槃；而是從生活上無私的行動中得到解脫……。」同樣的，就像當代的猶太教、基督教、伊斯蘭教、印度教的領袖深入參與社會、教育、政治與文化活動一樣，因為他們堅信，這些生活上的領域正是救贖的舞臺。〔註9〕

太虛、印順這些人間佛教思潮的早期倡導者們一直強調人間現世的重要

〔註8〕印順：《佛在人間》，見《印順法師佛學著作集》14 冊，新竹：印順文教基金會（光碟版），2006 年，23～24 頁。

〔註9〕約翰・北川：《原始宗教、古典宗教與現代宗教》，轉引自【美】白德滿：《太虛──人生佛教的追尋與實現》，鄭清榮譯，臺北：法鼓文化出版社，2008 年，299～300 頁。

性，重視在此岸的人世間成佛，提倡建立人間淨土。這種價值指向，在同時代的其他宗教中，也可以常常見到。正如查爾斯·布瑞登（Charles Braden）曾指出，現代的自由派人士，無論是基督教還是猶太教，「喜歡在智性上將宗教視為美的代表，或真理的代表，但最確定的是，他一定會具有其所有的倫理品格。」皆教導強調指向現世的宗教行動以獲得救贖，也試圖從當下實際的倫理表現來衡量宗教理念的實現。他們將焦點集中在社會責任的規範，以簡化其宗教傳統。〔註10〕——就全世界的佛教界而言，與人間佛教相似價值維度的努力，在 20 世紀亦屢見不鮮，那些在亞洲其他區域參與社會活動的佛教改革派中，譬如印度的安貝卡博士（B. R. Ambedkar，1891～1956）、泰國的佛使比丘（Buddhadasa Bhikkhu，1906～1993）、越南的一行禪師（ThichNhat Hanh，1926～）、斯里蘭卡的阿里耶拉涅（A. T. Ariyaratne，1931～）、泰國的蕭素樂（Sulak Sivaraksa，1933～）等人，他們的佛教運動，與中國的太虛法師他們一道被西方學者概括為「入世佛教」（Engaged Buddhism）。這些類似的佛教世俗化思潮，其實也就是英國學者關大眠所謂的「佛教啟蒙」，「『佛教啟蒙』就是要對佛教的智慧基礎進行系統的現代化，以便針對現代人的生存困境產生的一套清晰而能夠自圓其說的教義。」〔註11〕——白德滿將現代這些佛教世俗化的努力的特徵概括為五個方面：

其一、借用韋伯的話，他們很典型地提升了內在世界的苦行。宗教的目標並不是適應這個世界，也不是逃避這個世界，而是重新創造這個世界。精神的解脫，正如他們所說，就是從體驗重新形塑這個不公義、受壓迫的社會、經濟與政治現實之中獲得的。

其二、總的來說，他們都一致強調以理性態度面對宗教。神秘主義、情感主義、儀式主義與虔敬主義全都不予重視。佛教普遍被視為是一個合乎理性的思想與行為體制，與現代物理學、宇宙哲學的重要元素相符合。

其三、入世的佛教領袖很典型地以復興運動作為他們工作表現的一部分。換言之，他們總是特別指出他們的努力，在於恢復佛教的本來面目，以及在教義與實踐之間保持理想平衡。他們的目標是追溯佛教的根源，並找到佛教的本質。他們強調以回到過去，以向前看；找到舊的，以建立新的。

〔註10〕 參見【美】白德滿：《太虛——人生佛教的追尋與實現》，鄭清榮譯，臺北：法鼓文化出版社，2008 年，301 頁。

〔註11〕 【英】關大眠：《佛學》，鄭柏銘譯，瀋陽：遼寧教育出版社，1998 年，117頁。

　　其四、這些佛教行動主義者普遍認同佛教普世化，同時對國際性弘法也都很感興趣。他們時常認為，要解決本地與區域性的問題，一部分要靠全球性的佛教普世合作與結盟。此外，他們也鼓勵僧團向所有的人宣揚佛法，實現傳教的使命。

　　其五、正如沙利·金恩（Sallie. B. King）的觀察，幾乎所有這些急進派佛教領袖，都在佛教認同與否定佛教之間，艱苦地進行著多元的互動。換言之，他們一方面進行組織佛教的工作，一方面也要區別佛教與其他宗教的不同。因此，這些宗教領袖不只經常表達對其他宗教的包容，而且也宣稱：「佛教，身為文化產物，是工具而非目的，是達成其他東西的方法，是一隻指著月亮的手指，是一種非究竟但可藉此達到究竟的東西。」他們對佛教作為一種救度的工具，賦予極高價值，但承認它只是一種工具。〔註12〕

　　中國海峽兩岸在 20 世紀興起的「人間佛教」思潮，應屬國際性的佛教「世俗化」發展的區域性現象之一。就當代臺灣的人間佛教而言，其特徵則主要體現了白德滿所說的第四點，也就是「佛教普世化」的努力上，進行普世化的前提，便是要更為寬容地對待一切國家民族的文化，表現出兼收並蓄的氣度，他們更著重闡揚其具有普遍性的社會倫理道德上的教諭。星雲的佛光山的國際性弘法事業，便是這方面的典型實例，麻天祥先生介紹說：

　　　　聽星雲法師不無得意地講在紐約世界貿易大廈前為九·一一罹難者做法事時，其對天祈禱，高唱：「偉大的耶穌，偉大的真主，偉大的釋迦牟尼！」當時廢墟前歡聲雷動，就不難理解佛光山因何享譽全球，在世界各地長足發展了。星雲大師自謂「是個天生具有融和性格的人」，此言不虛。他常說：我若生在美國，就會是一個虔誠的基督教徒和出色的牧師或神父。他就是如此尊敬不同宗教，力圖融會世界各種教派，共創人間樂土。在佛教內部，不僅融貫諸宗，與不同教系攜手，尤其強調僧尼平等（佛光山女眾之眾及最近對八敬法的修正足以證明）；對教外，則又主張貧富貴賤、士農工商、國家種族、傳統現代、僧眾信眾的融和，把佛教原本包容太虛的思想具體化為「不分種族、國界，同中有異，異中有同，而能和睦相處」的現代佛教理念，為推進佛教在現代社會的發展，在理論和實踐的

〔註12〕【美】白德滿：《太虛——人生佛教的追尋與實現》，鄭清榮譯，臺北：法鼓文化出版社，2008 年，302～303 頁。

結合上，做出了殊特的貢獻。〔註13〕

麻天祥認為，佛光山人間佛教的理念不外三條，也就是將追求來世的佛教變成重視今生的佛教；把超然的西方極樂世界改造為現實的人間淨土；變「有漏皆苦」的人生歡息為人類福祉的生命禮讚。〔註14〕——對此筆者覺得，用星雲自己的話來總結，無外就是他所說的「三好」、「四給」、「五和」，所謂「三好」是指人有身、口、意，身體要「做好事」，口頭要「說好話」，心裏要「存好念」；「四給」是說「給人信心」、「給人希望」、「給人歡喜」、「給人方便」，「五和」則是說「自心和悅」、「家庭和順」、「人我和敬」、「社會和諧」、「世界和平」。顯然，這些道德訓誨在世界上任何民族和文化中都是一致的，並沒有具體的現實所指，自然也不大可能會遇到牴觸，星雲的「佛教普世化」事業，亦由此而立基。然褒之者謂之「圓融」，貶之者則謂之「雞湯」，這也就是見仁見智的事情了。

有關佛光山的國際弘法事業，有學者介紹：「佛光系統在 1976 年前後開始向美國弘法，1988 年加州洛杉磯西來寺落成，標誌佛光系統的全球弘法已經取得重大的突破及進展。迄今為止，佛光山已經在全球創建二百多個寺廟道場、弘法中心、文教中心，覆蓋全球五大洲，初步實現了大師『佛光普照三千界，法水長流五大洲』的弘願。佛光系統現在不僅仍在全球各地積極推展教務，且規劃在未來的 30～50 年裏逐步實現佛教全球化拓展中的『在地化』」〔註15〕。星雲在實踐人間佛教過程中所體現的國際視野，在當代臺灣佛教中具有典型意義。

證嚴所開創的慈濟基金會則是以社會慈善事業為職志的佛教組織，她以「廣慈悲濟」為理念，廣泛利用各種資源，以期惠及底層民眾。證嚴也是四大道場中的唯一一位女性佛教領袖，她於 25 歲自行剃度出家，後皈依印順為師，於 1966 年在花蓮縣創辦「慈濟功德會」。1980 年，臺灣當局核准「財團法人臺灣省私立佛教慈濟慈善事業基金會」立案，「慈濟功德會」改名「慈濟基金會」。1991 年，慈濟美國分會發起美金「一人一元」的勸募活動，藉此援助孟

〔註13〕 麻天祥：《以人間佛學建人間淨土——談佛光山「四化」》，見《普門學報》第10 期，2002 年。

〔註14〕 參見麻天祥：《以人間佛學建人間淨土——談佛光山「四化」》，見《普門學報》第 10 期，2002 年。

〔註15〕 程恭讓，李彬：《星雲大師對佛教的十大貢獻》，見《世界宗教文化》2015 年3 期。

加拉颶風災民，從此開啟了海外救援工作。2003 年，他們以「臺灣佛教慈善基金會」的名義正式成為聯合國非政府組織，證嚴本人也多次獲得諾貝爾和平獎提名。2008 年，慈濟獲國臺辦正式批准，在內地成立分支機構。2010 年獲得「聯合國經濟及社會理事會非政府組織的特殊諮詢委員」資格。

慈濟基金會近 50 年來在全世界已發展約 400 萬會員，並在全球 47 個國家和地區設立分支機構，他們的慈善事業涵蓋賑災、環保、骨髓捐贈、幹細胞移植等方面，足跡遍及世界各地，如非洲、阿富汗、科索沃等，迄今援助超過 71 個國家地區。在臺灣，慈濟的義工更是隨處可見，其成員包括不同職業、社會地位的人。據說，臺灣每 5 個人中就有一個人或多或少參加過慈濟教育、文化、醫療、慈善的事業和活動。

相對而言，臺灣島內的佛光與慈濟，前者在中產階級及以上的人群中影響較大；後者則在普通庶民中頗受歡迎，成為人間佛教世俗化和國際化路徑中雙峰並峙、二水分流的文化現象。

二、當代臺灣人間佛教的「庸俗化」跡象

回溯近百年之歷史，人間佛教自太虛、印順發展至今，呈現出從早期的教義理性化到目前在宗教實踐當中進一步的「世俗化」之路徑。但毋庸諱言的是，進入 21 世紀以來，當代的臺灣人間佛教領導者們，已經不大側重於思想的創新與理論的深化，更為熱衷於千方百計地通過各種形式將各自的宗旨廣泛滲透於民眾。與此同時，過了頭的「世俗化」也許會導致「庸俗化」的弊端，印順法師生前已對此跡象有所察覺，他曾充滿憂慮地指出：

> 現在的臺灣，「人生佛教」、「人間佛教」、「人乘佛教」，似乎漸漸興起來，但適應時代方便的多，契合佛法如實的少，本質上還是「天佛一如」。「人間」、「人生」、「人乘」的宣揚者，不也有人提倡「顯密圓融」嗎？如對佛法沒有見地，以搞活動為目的，那是庸俗化而已，這裡不必多說。〔註16〕

對於佛教而言，超過限度的「世俗化」，往往表現為「理想主義」的逐漸缺位。——佛教自創教之始，一貫認為世間的名利欲望皆係眾生「貪瞋癡」三毒的「無明」所構造，其本質皆如夢幻泡影而虛妄不真；因此，佛教對於世間

〔註16〕印順：《契理契機之人間佛教》，見《印順法師佛學著作集》28 冊，新竹：印順文教基金會（光碟版），2006 年，65 頁。

權勢，一直盡量保留其獨立空間。中國古代若菩提達摩見梁武帝的對話，玄奘與戒日王、唐太宗相互尊重的關係，乃至慧能等禪僧婉拒帝王召見等事，皆為後世佛門津津樂道之佳話。「人間佛教」創立之始，則不再強調「淨土」的彼岸性，而更為側重於改造此岸（現實世界）之污濁「穢土」而成就「淨土」，是謂「人間淨土」。——針對現實乃至傳統的文化批判意識，本係一切新思想創發的應有之義，就人間佛教而言，首先針對的是充斥傳統佛教中的鬼神信仰，印順平生便不遺餘力地對佛教史上「怪力亂神」、「索隱行怪」的成分加以批判，表示斷然「不會尊重他們。」〔註17〕而且，他平生推重佛教「諸法皆空」思想，以之作為「批判的武器」，來省思當下「苦難的世間」〔註18〕。故在他看來，如果對社會上醜惡的現象與其形成根源不加分析，不加批判，不去保持一定的距離，只熱衷於通過「搞活動」來吸引信徒，那就是「庸俗化」。

印順所提出的「庸俗化」這種現象，實質上就是宗教在其發展過程中對於世俗社會的大資本利益及權力階層，乃至與之密切相關的流行文化，喪失自身理想底線的無條件依附關係。這在世界上其他宗教的「世俗化」過程中也有其表現，如基督教在 19 世紀以來曾出現所謂的「政治神學」（Political Theology），本義是指為了某種政治的緣故而信仰，為了某種政治利益而支持某個宗教組織及其神學思潮。20 世紀上半葉，這一學說的德國鼓吹者施米特（Carl Schmitt，1888～1985）便認為，人性中的敵意乃天意，人食禁果後受神詛咒成為政治動物；不僅如此，人世間的衝突、戰爭狀態，也是神聖秩序的一部分。政治（即敵友之別和敵我之爭）是無所不在的，任何神學無外都是政治啟示錄。施米特本人則在 1933 年加入納粹黨，隨即得到重用，曾寫了一系列文章，為「元首」原則、納粹優先論及種族主義辯護，並參與納粹德國的一些重要法案的制定，被尊為第三帝國「桂冠法學家」，而且他還是個赤裸裸的反猶主義者。〔註19〕——施米特的這段不光彩的經歷顯然不能說與他的思想傾向無關，把基督教神學進行徹底政治化的解讀，恐怕本身也可視為一種「庸俗化」的現象。

〔註17〕印順：《〈臺灣當代淨土思想的動向〉讀後》，見《印順法師佛學著作集》29 冊，新竹：印順文教基金會（光碟版），2006 年，101 頁。

〔註18〕印順：《契理契機之人間佛教》，見《印順法師佛學著作集》28 冊，新竹：印順文教基金會（光碟版），2006 年，70 頁。

〔註19〕參見郭建：《為了打擊共同的敵人——施米特及其左翼盟友》，見《二十一世紀》2006 年 4 月總第 94 期。

　　佛教在近現代以來的日本，其世俗化轉向過程中也有其「庸俗化」的傾向。明治維新以後，日本政府將神道教立為獨尊的國家宗教，原本作為「三教之盟主」的日本佛教的發展大受打擊，許多寺院遭到破壞，僧尼被迫還俗，在這種困境下，佛教界更加積極主動地向政府表示忠心，強調「王法佛教不離」之論，接受「神道為基本，佛教為附翼」的原則。〔註20〕明治末年，伴隨資本主義經濟發展，日本得以躋身於帝國主義國家行列，頻頻發動對外侵略。經過1894～1895年的中日甲午戰爭和1904～1905年的日俄戰爭，軍國主義勢力空前膨脹。對此，佛教教團大多採取迎合國家主義潮流、支持軍國主義對外侵略的姿態，教化國民協助戰爭，佛教的社會地位也終於隨之逐漸提高，再次成為日本御用宗教的一翼。〔註21〕日本的這種緊密依附於世俗政權的佛教形態，史稱「皇國佛教」（或「皇道佛教」）。——在臺灣的日據時期，日本的殖民統治者曾全力向島內灌輸這種佛教觀念，後稱「皇民化佛教」，雖然受到過當年島內一些傳統愛國佛教徒的抵制，但造成的惡劣影響也實在不容忽視。

　　當代臺灣佛教的「庸俗化」現象，雖非單獨依附於某一政治勢力，卻無形中充當了「一切存在皆合理」這種世俗觀念的辯護士。他們因面臨島內的「藍綠撕裂」而大多不敢直接表達出自身明確的觀點立場，往往以騎牆的態度超然處之，諸如談及不同政黨的領導人，皆謂之某位佛菩薩或神靈的化身；雖然偶而會講「兩岸一家親」，但同時又常常強調「世界一家親」而使得觀點模糊化。——他們給這種含混態度找到的佛教「理論基礎」，謂之「一切圓融」。然究其實質，無外是一種勸人迴避現實問題，而於精神上陶然自得其樂的「心靈雞湯」，大多數主流派別皆依賴於領袖的個人魅力，並以一套類似明清時期流行的民間勸善書的道德訓誡示人，目的無外借助傳教活動增加更多的信眾，而全然失掉了佛教中本來固有的現實文化批判視野。

　　針對這類現象，筆者於2018年5月在接受臺灣《弘誓》雜誌採訪時曾講了這麼一段話：

　　　　就佛教而言，現在兩岸流行的佛教讀物沒有太多深刻的思辨性、也談不上有深度的社會關懷，通常所說的「心靈雞湯」則很受歡迎。恰恰印證了印順法師當年所憂慮的佛教「庸俗化」。庸俗化就會傾向

〔註20〕參見張大柘：《宗教體制與日本的近現代化》，北京：宗教文化出版社，2006年，154～155頁。
〔註21〕參見楊曾文，張大柘，高洪：《日本近現代佛教史》，北京：崑崙出版社，2011年，75頁。

媚俗，像明清流行的民間宗教那樣，只是一味的勸善。清代思想家戴震先生有曾一個很深刻的觀點，他說每一個人即使再愚蠢再混帳，也都會認為自己是有「理」的，是好人。都不覺得自己壞，甚至能心安理得把自己做的壞事看成好事。社會上之所以會有那麼多利益紛爭、種種醜惡的事情，是因為客觀上的利益爭奪，構成西方哲學家薩特所說的「他人即地獄」的這種社會存在狀態。——通俗點說，世界上百分之九十九以上的人都絕對不會覺得自己是壞人，但無形和無意間卻可能隨時充當了別人眼中的「壞人」或「小人」，這不是任何「心靈雞湯」或勸善的那些空談可以解決的問題。〔註22〕

以「庸俗化」的視角來討論現實問題，往往就會有意無意地迴避問題本身的複雜性，而簡單寄託於喚起人類的「善心」，而欲放諸四海而皆準。以島內人間佛教比較樂於關注的環境保護問題為例，慈濟基金會的「預約人間淨土」與法鼓山的「心靈環保」之呼籲是其中典型，他們都比較熱衷對佛教傳統教義中的「心淨則佛土淨」、「依正不二」等說法進行詮釋，卻難以達到更高的理論深度，無論是「預約人間淨土」還是「心靈環保」，皆誠如楊惠南總結的那樣：

（一）在實際的環保工作方面，二者都偏於垃圾回收和植樹，未能觸及污染臺灣環境的兩大污染源資本家所開設的工廠，以及已與資本家利益結合的政府。（二）在環保理念的建立方面，二者都有重「（內）心」輕「（外）境」的傾向；也就是說，二者都偏於「心理垃圾」（貪、嗔、癡等煩惱）的去除，卻忽略了外在世界之真正垃圾（土地污染、河川污染、空氣污染、核能污染）的防治與清理。在這二者當中，第（一）乃實際的環保工作；第（二）則是第（一）的理論基礎。重「心」輕「境」的環保理論，乃「預約人間淨土」和「心靈環保」之所以有所偏頗、值得商榷的原因。他們錯誤地以為一己內心煩惱的掃除，即可達到外在世界污染的徹底清理。他們不瞭解外在世界的清淨，乃是達到內心解脫不可或缺的先決條件。〔註23〕

〔註22〕《「與會來賓迴響」採訪報導》（許月梅記錄整理），見《弘誓》2018年8月總154期。

〔註23〕楊惠南：《從「境解脫」到「心解脫」——建立心境平等的佛教生態學》，見《愛與信仰——臺灣同志佛教徒之平權運動與佛教生態學》，臺北：商周出版，2005年，278頁。

　　楊惠南的這一看法顯然是十分深刻的，不僅佛教如此，這也是各大宗教，乃至於近年「傳統文化熱」中的常見思維通病。——因為都不願意觸碰或冒犯左右工業生產的社會資本力量，所以只能講到「心理垃圾」為止。這種宣教方式，雖然總還是會對信徒起到一點教化的作用，但因其滿足於膚淺的層次而作用十分有限，也是毋庸諱言的事實。

　　宗教世俗化在當今世界各大宗教中是一個普遍的發展潮流，世俗化的過程自然會面臨如何協調與現實社會的流行文化之間的關係，乃至面臨在商業資本的衝擊下能否保留一定的「理想主義」還是全然「和光同塵」的抉擇。——雖然不能說「世俗化」一定會導致「庸俗化」，但如何在「世俗化」與「庸俗化」之間取得平衡，如何至少在最低限度上尚能夠保有立足於宗教神聖理想的、對世間的「惡」的審視與批判視野，這也是臺灣「人間佛教」繼續發展所面臨的考驗和需要深思的問題。

三、結語

　　有關臺灣人間佛教之教義類型，有學者將之分為重學理的「印順型」與重實踐的「星雲型」，也有學者立足於印順思想，認為星雲式的人間佛教失之於對世俗社會的過分妥協，故為「非了義」，而印順的宗旨則為比較究竟的「了義」。〔註24〕這類區分，往往只道出了一部分事實，而失之過分涇渭分明。——通常而言，在面對與自身同時代的各種事物之時，由於身處環境之中，往往過重其差異而鮮能立足於「六合之外」而窺見其共性。事實上，雖然印順與星雲等派之間，彼此互有微詞，然其所宗者皆導源於太虛的「人間菩薩行」思想，雖前者強調正本清源，後者強調圓融世間，但皆未背離這一最大的共識。故理解人間佛教思潮下的不同派別，或者正若古代禪宗之「一花五葉」一樣，各個分支只有方法途徑和側重點的不同。無論現在還是未來，看待臺灣人間佛教，皆不能因為島內各派的眾說紛紜而忽視了這一基本前提。不過，印順法師生前曾反覆強調和提醒的佛教世俗化過程中逐漸導向的「庸俗化」問題，近年來確實表現得更為明顯，甚至已經被許多教內人士視為理所當然而習焉不察。

　　當代臺灣佛教之現狀，多年以來的說法，一直都是號稱以高雄佛光山、臺

〔註24〕參見江燦騰：《二十世紀臺灣佛教文化史研究》，北京：宗教文化出版社，2010
　　　　年，290〜291頁。

北法鼓山、南投中臺山、花蓮慈濟功德會之「四大道場」為主流，其中三派皆標榜人間佛教，即使是鼓吹禪修的中臺山，其宣揚的佛教「五化運動」——即科學化、學術化、教育化、藝術化、生活化，這類與現代社會文化調適的理念，顯然也無外是人間佛教思潮的影響所致。但就近年而言，「四大道場」的格局也在慢慢發生變化——佛光山與慈濟基金會依然勢頭強勁，而中臺山和法鼓山雖亦運轉良好，卻稍有相形見絀之勢了。首先，中臺山在其1996年的「剃度風波」之後，其發展受到了不小影響，社會聲譽亦有所下降。所謂「剃度風波」，是說「被媒體過度吹捧為『大修行者』的惟覺老和尚，1996年9月1日為一百多人集體剃度，由於牽涉太多事先不知情的家庭，一聽到消息，立刻有多位家長前往中臺山一探究竟，而因寺方又推說不知道參加佛學夏令營學員的下落，就更加激起家長們如焚的心情，自此事態一發而不可收拾。」後來「司法單位即刻如影隨形地趕來辦案，這對中臺禪寺的建寺基業，無疑地將帶來負面的影響，雖捐款可能繼續，但社會形象將會一落千丈。」〔註25〕此後，惟覺在臺灣佛教界也時常陷入各種爭議之中，中臺山雖仍在島內有一定影響，但已恐難與佛光、慈濟相提並論了。其次，法鼓山的開宗者聖嚴於2009年圓寂，是四大道場的開派祖師中的第一個離世者，由於四大道場的運轉模式，都比較過分依賴於這幾位祖師的個人魅力，因此，法鼓山的未來發展難免受到了這一因素的影響。總之，「四大道場」的格局，已經逐漸向佛光、慈濟之「雙峰並峙」的格局發生轉移。

當前，「四大道場」的開宗領袖，聖嚴法師、惟覺法師已然辭世，健在的二位也都年事已高，但四大道場的情況實如江燦騰早年觀察的那樣：「他們似乎都只能向信眾推廣單一偶像，沒有開山祖師親自到場，信徒的熱忱就表露不出來。」江燦騰認為，由於這種模式的侷限，他們都面臨各自道場後繼乏人的問題，就佛光山而言，「向來，星雲的公關手腕罕有人望其項背，功德主莫不對他服服帖帖，繼任者如何展現出類似星雲的那般魅力，更是一樁難以克服的考驗。」〔註26〕

就近幾年的情況看，「四大道場」各自似皆已意識到了這一問題的嚴峻性，他們採取的因應措施是，不遺餘力地樹立和拔高這幾位開宗領袖的歷史地位，

〔註25〕江燦騰：《新視野下的臺灣近現代佛教史》，北京：中國社會科學出版社，2006年，404～407頁。

〔註26〕江燦騰：《新視野下的臺灣近現代佛教史》，北京：中國社會科學出版社，2006年，395～396頁。

希圖將他們本人定型為信眾的永久崇拜對象。——任繼愈先生曾指出，宋代以後的佛教中，往往儀式中多有首先祝君主，然後才祝佛祖的情況。〔註27〕而近年臺灣佛教的活動中，也頗不乏「先祝宗主而後祝佛祖」的現象，這恐怕也是「庸俗化」的一種表現。這種運作方式，是否最終會導致臺灣佛教走向與傳統漢傳佛教不同的路徑？在不久的將來，是否仍然會維持「四大道場」的格局？這些都是需要加以密切關注的問題，不過有一點是可以確定的，「人間佛教」這面旗幟是不會變的，而且應會與世俗社會的關係越來越密切。

〔註27〕參見任繼愈：《朱熹與宗教》，見《任繼愈禪學論集》，北京：商務印書館，2005年，198頁。

印順法師「大乘是佛說」論之啟示
——兼與周貴華先生商榷

　　印順法師（1906～2005）是 20 世紀重要的佛教思想家，也是「人間佛教」的早期理論探索者，其佛學思想與佛教史研究，在佛教界和學術界中皆卓有影響。印順法師於佛學所涉廣泛，他對中印大乘佛教的研究與抉擇，自 1940 年代始已在佛教內部引起爭議，1952 年後，印順定居臺灣，其學術思想漸趨圓熟的同時，也出現了更多質疑的聲音，甚至被攻擊為「反大乘者」，一度甚囂塵上。而且，與之類似的論調，半個世紀以來絡繹不絕，近年似有「後出轉甚」之勢，若大陸學者周貴華先生，便一直對印順佛學思想頗執異議，近年來寫了不少批評印順法師的文字。

　　周貴華先生在佛教的唯識學和其所謂的「義學」領域，著述頗豐，並提出了一套所謂「完整佛教」之體系，在教界和學界都有一定影響，周先生對印順似乎有很深的心理情結，他在建構自身教理體系的同時，時時不忘「反印」，在他的《作為完整的佛教》、《完整佛教思想導論》、《本懷與時代》等著中，時有論及。近期，他在繼《在信仰與學術之間——對釋印順佛教思想的再反思》一文〔註1〕後，又完成了《釋印順佛教研究和佛學思想略觀——從反思角度看》之長文，洋洋五萬餘言，發布於無錫召開的「第二屆佛教義學研討會暨印順法師佛學思想研討會」上，該文見於此會論文集中，其中提出：「釋印順在這些反思、批判中，採用世俗性科學人本理性、否定大乘經的佛說性（如是我聞性）、顛覆大乘作為根本佛教的地位、消解全體佛教的『神聖性』、提倡『唯人

〔註1〕見李利安主編：《佛教與當代文化建設學術研討會論文集》，西安：西北大學出版社，2013 年。

間佛教』等，按照大乘佛教本位，無一不是離經叛道、驚世駭俗之語、之論！」〔註2〕甚至說印順「客觀上他是大乘佛教乃至全體佛教的壞道者、是佛教聖道中的『獅子蟲』」（說印順是「獅子蟲」一語，在其文中反覆出現多次）〔註3〕，姑不論周先生作為一位體制內的學者，如此詈罵一位已故的德高望重的佛教界老前輩是否妥當，其能做此語，似乎已自信自己能夠代表「大乘佛教乃至全體佛教」來發言了。——既然如此，我們似乎有必要梳理和回顧一下印順法師對大乘佛教思想的基本意見，方可判斷周氏是基於什麼立場而立論，當然，還有判斷其對印順法師的評價究竟問題何在。

一、印順所論「大乘是佛說」之意涵

周貴華文中反覆否定其所謂的「人本理性」在佛教中的地位，如其謂：

從佛教本位看，科學人本理性作為共業所引的世間理性，在世間那裡是一種「極成共許」，是一種共俗理性，所以無論是奉為「共許理性」、「普世理性」，還是知識或者真理的中立、客觀的標準、方法，都無法抹去其世俗性的本質，而與佛教的聖道性相違背，構成對佛教「神聖性」和本位意義的「祛魅」，即消解。共俗理性在任何時代都有，但會隨時代變遷而有所不同，但沒有任何一個時代的共俗理性像我們這個時代的科學人本理性這樣得到普遍承許同時堅固信受，這是我們時代所謂的「現代性」的本質，所以筆者說，我們這個時代由於科學人本理性的普世化，可稱世俗化達到充分化的時代，也因此可稱深度末法時代，因為佛教乃至一切宗教乃至一切傳統思想系統的「神聖性」和本位意義，皆遭到這種理性的「祛魅」。〔註4〕

顯然，在周貴華看來，對於他所理解的「完整佛教」而言，無論是進行經典的文獻考據還是對思想的歷史脈絡分析，都會傷害所謂「神聖性」，甚至在

〔註2〕周貴華：《釋印順佛教研究和佛學思想略觀——從反思角度看》，見《第二屆佛教義學研討會論文集（印順法師佛學思想：反思與探討）》（上冊），2016年10月（無錫），6頁。

〔註3〕周貴華：《釋印順佛教研究和佛學思想略觀——從反思角度看》，見《第二屆佛教義學研討會論文集（印順法師佛學思想：反思與探討）》（上冊），2016年10月（無錫），55頁。

〔註4〕周貴華：《釋印順佛教研究和佛學思想略觀——從反思角度看》，見《第二屆佛教義學研討會論文集（印順法師佛學思想：反思與探討）》（上冊），2016年10月（無錫），30頁。

他看來，任何一個健全人的生活及社會活動所依賴的「理性」認識能力，都是所謂「世俗性」的。也就是說，周貴華認為基於理性的對宗教的歷史考證研究方法，本身就是錯誤的，甚至導致了「末法時代」的來臨。

可能是筆者孤陋寡聞，至少在學界的文章中，還是第一次看到如此旗幟鮮明地立足於宗教神秘主義而徹底否定文史基本研究方法的論調。——因為將任何「元典」不視為「天啟」之物，而視為有其歷史語境的文本，這本身就是「古已有之」的視角，並非當代才有。同時，這也是人文學科合法性的一個基點所在。故周貴華所反對的，其實並不僅僅是印順法師，他是對數百年來所形成的人文學科的基本學術規範發起挑戰，印順法師則是在一定程度上，接受了這種學術規範的百年來佛教界之典範人物。

對於周貴華的這種思想立場我們暫不深論，不過他的以上述說的確使得有關問題變得清晰化了，正如藍吉富教授曾指出的：「宗教信仰無法百分之百排除『非理智成分』。但是，在理解或建構信仰體系時，有些人非常強調這些『非理智成分』，有些人則可將他壓縮到極低的限度，而儘量使理智部分凸顯。」〔註5〕藍吉富認為「印老就是後者這一類型的研究者」，周貴華則顯然屬前一類型，因此，他對印順的強烈批判立場，正是由於這兩種相反的基本思想傾向所決定的。

印順法師對於大乘佛教的研究和闡揚，也正是基於其「重理智」的思想立場。——與周貴華所判定印順持「溫和版」的「大乘非佛說」〔註6〕的看法恰恰相反，印順從一開始就是一個大乘佛教的堅定捍衛者，及「大乘非佛說」論的批判者。

「大乘非佛說」之論，並非起於晚近，日本學者村上專精早已指出，佛滅百年後，上座部和大眾部兩派的根本分裂是「大乘非佛說論」形成之開端。他指出，任何宗教凡有分裂之時，必然會相互指責對方「非真不正」，己方才是尊重師說之正統。故所謂「大乘非佛說」者，是上座部佛教對大乘佛教的責難，在大乘早期的馬鳴、龍樹、提婆的時代，這種思潮並不算突出，但到了大乘中期無著、世親、陳那、護法、戒賢的時代，「大乘非佛說」之潮流達到頂峰。〔註7〕玄奘在印度期間，便曾多次面對這種說法，並試圖運用因明

〔註5〕藍吉富：《印順法師對大乘佛法的詮釋與評價》，見《聽雨僧廬佛學雜集》，臺北：現代禪出版社，2003年，633～634頁。
〔註6〕參見周貴華：《完整佛教思想導論》，北京：宗教文化出版社，2013年，230～231頁。
〔註7〕參見村上專精：《大乘佛說論批判》，東京：光融館，1903年，13頁。

學對其進行批駁,他曾修正了勝軍居士的一個比量論式,來證成「諸大乘經皆佛說」〔註8〕之無誤。

「大乘非佛說」之論,在晚近的東亞佛教中重新引起重視,則可導源於江戶時代的日本,大阪學者富永仲基(1715～1746)所著《出定後語》中,利用歷史學的研究視野來看待佛教思想的發展,提出了所謂「加上說」,他認為,佛教的一切教法都是在前人講述的基礎之上,由後人不斷進行累加,由此逐漸遷變發展而來。他認為,不僅大乘佛教的經文大多是佛滅五百年左右所形成,即使是《阿含經》等早期佛教經典也並非全文悉為佛口親說。明治維新以後,富永仲基的這些看法得到了所謂「新佛教運動」領軍人物古河老川、西依一六等人的重視,他們正式提出「大乘非佛說」並引發討論,認為日本佛教應進入所謂「懷疑時代」。〔註9〕20世紀初中國的佛教界逐漸也受到了日本這類新思潮的衝擊,兼之與傳承上座部學說的東南亞南傳佛教的接觸趨於頻繁,「大乘非佛說」之論在20世紀30～40年代重新引起重視和討論,正是在這一背景下,印順在1943年撰寫了《大乘是佛說論》之長文,論證大乘佛教的歷史合法地位,並批評了該說的基本理論誤區。——當然,印順法師在佛學上一貫主張「惟有以考證對考證,以歷史對歷史,才是一條光明的路。」〔註10〕當然不會像周貴華那樣,對於意見不同者直接詆為「失道者」或「獅子蟲」,因為印順的態度也符合印度佛學的基本傳統,若利用因明規則進行論辯,雙方自然皆以因明論式應對。——可以想見,在玄奘時代的印度佛教中,若對方談因明,己方卻去標榜所謂「修證」之類的神秘經驗,恐怕將直接被判為「墮負」而「斬頭相謝」了。

印順在1942年所撰的第一部佛學著作《印度之佛教》中已明確指出:

> 大乘者,立成佛之大願,行悲智兼濟之行,以成佛為終極者也。
> 修菩薩行而後成佛,佛弟子無否認者。然以菩薩行為大乘,抑聲聞行為小乘,於《阿含》、《毗尼》外,別有多量之大乘經,則有《大乘非說》之諍焉!平心論之,以大乘經為金口親說,非吾人所敢言,然其思想之確而當理,則無可疑者。〔註11〕

〔註8〕【唐】窺基:《因明入正理論疏》,見《大正藏》第44冊,121頁。

〔註9〕參見梁明霞:《論近代日本新佛教運動重提「大乘非佛說」的歷史意義》,見《廣東技術師範學院學報(社會科學)》2015年第6期。

〔註10〕印順:《無諍之辯》,見《印順法師佛學著作集》20冊,新竹:印順文教基金會(光碟版),2006年,234～235頁。

〔註11〕印順:《印度之佛教》,見《印順法師佛學著作集》33冊,新竹:印順文教基金會(光碟版),2006年,179頁。

　　以大乘經未必為佛陀本人親口所說，但「思想之確而當理」毫無可疑，這一論述也是其所撰《大乘是佛說論》持守的基本立場。因為，從尊重歷史的角度而言，大乘佛教興起於公元 1 世紀前後，此時佛已入滅數百年了，如果堅持說大乘佛典必是佛口親說，除了像周貴華這種徹底否定經驗理性的神秘主義者，恐怕大多數人都很難能夠心安理得而且絲毫不加懷疑地接受。——對這一難題，印順法師提出的解決辦法，是重新界定何謂「佛說」的基本意涵，他認為，印度佛典中的「佛說」一詞，因語境不同，語義亦不全然一致，並非必指「佛陀親口宣說」之意。某佛典的內容，如能代表當時佛教界的公意，即可謂之為「佛說」。他說：

　　　　從根源的佛法，到流行的佛法，因了時地人的關係，必然的在分化而又綜合，綜合而又分化的過程中。從起初的，渾然未畫的一味佛法，到重重分化，「分分皆金」，可以說各得佛法的一體，但也可說各有所偏。因為他們都有自己獨到的理解，各有新的適應，對佛法各有他的取捨輕重。……舉例說：孔子是儒學的大成者，但孔子以後，儒分為八。如荀子重禮樂文章，說性惡；孟子重性與天道，說性善。可以說各有所偏，但都不妨是儒學。難道儒學或孔學，一定要孔子說過的嗎？佛法表現於佛陀的三業中，也表現於佛弟子的流行中，佛法決不即是佛說。這點，過去的佛弟子，早已說得明白：「佛法有五人說」；「一切微妙善語，皆是佛法」；「入佛法相」，名為佛法。……古代的佛法與佛說，本來不一定要出於佛口。只要學有淵源，合於佛法不共世學的大原則，就夠了。這無論是標為佛說，或弟子說，應作如理的尋思，本不能無條件的引用為權威的教證，不妨加以抉擇的，所以說「智者能取能捨」。〔註12〕

　　故印順認為，相對於原始佛典《阿含經》而言，後出的大乘經也完全可以稱為「佛說」，是後人「學有所見，從佛教大眾的共同意識中流露出來的妙法。」〔註13〕對此，邱敏捷認為：「印順的說法雖言之成理，卻頗為『弔詭』，他迴避了傳統中國祖師大德『佛說』為『親口說』的定義，而把『佛說』的定義加以延伸。然而這種延伸定義是印順的『自我預設』，是否為別人所認同，又是一

〔註12〕印順：《大乘是佛說論》，見《印順法師佛學著作集》16 冊，新竹：印順文教
　　　　基金會（光碟版），2006 年，167～168 頁。
〔註13〕印順：《大乘是佛說論》，見《印順法師佛學著作集》16 冊，新竹：印順文教
　　　　基金會（光碟版），2006 年，188 頁。

個問題。」〔註14〕邱教授的看法立場是客觀的，也正是因為周貴華堅持將「佛說」解讀為「佛口親說」，所以才不顧印順法師捍衛大乘佛教的基本立場，說他是「溫和版」的「大乘非佛說」的原因。

這裡的問題在，作為一個現代的佛學研究者，除非能夠對近一二百年的佛教史研究成果掩耳盜鈴或視而不見，恐怕才能將「大乘經為佛口親說」援為定見，所導致的結果，必如熊十力早年所講的那樣，便是「不管各派意義而混同作解，黑白不分，麥豆莫辨，此之謂大混亂，以此言佛學，未知其可。」〔註15〕——印順法師正是在為了維護大乘佛教信仰的本位地位，兼顧尊重學術和史實，從調適二者的關係角度，對「佛說」一詞加以新詮，在現代語境下，這一詮釋不僅是巧妙的，甚至可以說是對「大乘非佛說」最佳的、幾乎是無其他更好選擇的辯護方式。

不過，周貴華對於前輩護教苦心不僅沒有絲毫的「同情理解」，為了給印順扣上「否定大乘」的帽子，甚至不惜曲解印順的原文。若印順《初期大乘佛教之起源與開展》中有這麼一段話：

> 不過，大乘經在部派中，在部派前早已存在，如古人傳說那樣，到底不能為近代佛教史者所同意。大乘與部派，特別是大眾部思想的共通性，受到一般學者的重視，解說為大乘從部派思想，特別是從大眾部思想中發展而來。這樣，大乘可說是「非佛說」而又「是佛法」了。〔註16〕

周貴華單獨摘出其中「大乘可說是『非佛說』而又『是佛法』」一語，謂此即印順的「大乘佛教觀」〔註17〕，事實上，觀諸印順前後文語境，這明明說的是部分「近代佛教史者」或「一般學者」的意見（顯然印順認為，從他們的看法必然可以引申出這一觀點），而絕非印順本人的態度。——這可通過印順在同書中明確反對大乘「是佛法而不是佛說」的論述得到證實，文謂：

〔註14〕邱敏捷：《印順導師的佛教思想》，臺北：法界出版社，2000 年，173～174 頁。

〔註15〕熊十力：《與馮君談佛家種子義》，見《十力語要初續》，上海：上海書店，2007 年，165 頁。

〔註16〕印順：《初期大乘佛教之起源與開展》，見《印順法師佛學著作集》37 冊，新竹：印順文教基金會（光碟版），2006 年，8～9 頁。

〔註17〕周貴華：《釋印順佛教研究和佛學思想略觀——從反思角度看》，見《第二屆佛教義學研討會論文集（印順法師佛學思想：反思與探討）》（上冊），2016 年 10 月（無錫），38～39 頁。

　　弟子們所說的法，不是自己說的，是依於佛力──依佛的加持而說。意思說，佛說法，弟子們照著去修證，悟到的法性，與佛沒有差別，所以說是佛力（這是佛加持說的原始意義）。龍樹 Nāgārjuna 解說為：「我等當承佛威神為眾人說，譬如傳語人。……我等所說，即是佛說。」弟子們說法，不違佛說，從佛的根源而來，所以是佛說。這譬如從根發芽，長成了一株高大的樹，枝葉扶疏。果實累累，當然是花、葉從枝生，果實從花生，而歸根究底，一切都從根而出生。……所以依大乘經「佛說」的見解，「大乘是佛說」，不能說「是佛法而不是佛說」！〔註18〕

　故印順認為，「勘辨『佛說』的標準，與非宗教的世俗的史實考辨不同」，應該「以佛弟子受持悟入的『佛法』為準繩，經多數人的共同審核而決定的。所以『佛說』，不能解說為『佛口親說』，這麼說就這麼記錄，而是根源於『佛說』，其實代表了當時佛弟子的公意。」〔註19〕──這一看法雖基本延續其早年《大乘是佛說論》中的觀點，但更為明確地表述了「大乘是佛法又是佛說」的思想立場，可以視之為印順在此問題上的「晚年定論」。

　　筆者完全理解，由於印順法師對大乘佛教所進行的理性化詮釋，傷害了周貴華個人的對「天神化」〔註20〕佛教的信仰，破壞了他「用自己的手拔著頭髮，要離開地球」（魯迅語）的神秘主義幻夢，所以他會內心「感到恐懼」，並「看到由此建立的人間局域性相似佛法──『人間佛教』思想流佈兩岸時，感到冰冷。」〔註21〕

　　不過，周貴華似乎迴避了一個問題，那就是「人間佛教」對於傳統佛教中鬼神元素的揚棄，並非始於印順，他在文章中時時用以標榜的太虛大師，便已有類似的論述：

〔註18〕印順：《初期大乘佛教之起源與開展》，見《印順法師佛學著作集》37 冊，新竹：印順文教基金會（光碟版），2006 年，1326～1327 頁。
〔註19〕印順：《初期大乘佛教之起源與開展》，見《印順法師佛學著作集》37 冊，新竹：印順文教基金會（光碟版），2006 年，1324 頁。
〔註20〕周貴華：《釋印順佛教研究和佛學思想略觀──從反思角度看》，見《第二屆佛教義學研討會論文集（印順法師佛學思想：反思與探討）》（上冊），2016 年 10 月（無錫），30 頁。
〔註21〕周貴華：《釋印順佛教研究和佛學思想略觀──從反思角度看》，見《第二屆佛教義學研討會論文集（印順法師佛學思想：反思與探討）》（上冊），2016 年 10 月（無錫），30～31 頁。

故「人生佛學」者，當暫置「天」、「鬼」等於不論。且從「人生」求其完成以至於發達為超人生、超超人生，洗除一切近於「天教」、「鬼教」等迷信；依現代的人生化、群眾化、科學化為基，於此基礎上建設趨向無上正遍覺之圓漸的大乘佛學。〔註22〕

太虛所說的「依現代的人生化、群眾化、科學化為基」，對於「天」、「鬼」之迷信存而不論，不正是周貴華所痛恨的「人本理性」之立場嗎？故印順曾自謂，其佛學思想總體上仍「遵循大師的研究方針」，對於「流行於印度或中國的『怪力亂神』，『索隱行怪』的佛教，與大師同樣的不會尊重他們。」〔註23〕而周貴華卻一心想把太虛和印順講成是對立面的關係〔註24〕，顯然是別有用心的「拉大旗作虎皮」，也更是不合乎事實的一廂情願。

克實而言，印順法師等現代人間佛教的理論探索者們，所面臨的社會背景，正是周貴華所反覆痛心疾首的「現代性」文化。所謂「現代性」概念的界定，其核心即馬克斯‧韋伯所言的社會文化之「祛魅」，亦即擺脫迷信、專制的中世紀神權，而追求理性、自由的人性解放之過程。現代性是以理性為基礎而建立的一種時代精神，是科學精神、人文精神和法治精神逐步開啟的體現。雖然現代性文化在發展的過程中，出現了種種問題有待改進，但畢竟代表了人類福祉的大方向（我們現在衣食住行的一切，乃至與社會制度的逐漸改善，無不皆與「現代性」有關）。正如梁啟超在《清代學術概論》中所形容的：「凡文化發展之國，其國民於一時期中，因環境之變遷，與夫心理之感召，不期而思想之進路，同趨於一方向，於是相與呼應，洶湧如潮然。」〔註25〕面對數百年來浩浩蕩蕩的世界潮流，佛教其能外於是乎？

太虛、印順等20世紀人間佛教思潮的倡導者們所推動的工作，至始至終強調人間現世的重要性，重視在此岸的人世間成佛，提倡建立人間淨土。應該注意到，在全亞洲範圍內，有不少可謂「閉門造車出門合轍」的相似價值維度的佛教現代化思潮，與中國的人間佛教幾乎同時出現，譬如印度的安貝卡博士

〔註22〕 太虛：《人生佛學的說明》，見印順編：《太虛大師全書》3 冊，新竹：印順文教基金會（光碟版），2006 年，208～209 頁。

〔註23〕 印順：《〈臺灣當代淨土思想的動向〉讀後》，見《印順法師佛學著作集》29 冊，新竹：印順文教基金會（光碟版），2006 年，101 頁。

〔註24〕 參見周貴華：《釋印順佛教研究和佛學思想略觀——從反思角度看》，見《第二屆佛教義學研討會論文集（印順法師佛學思想：反思與探討）》（上冊），2016 年 10 月（無錫），24～25 頁。

〔註25〕 梁啟超：《清代學術概論》，上海：上海古籍出版社，2000 年，1 頁。

（B. R. Ambedkar，1891～1956）、泰國的佛使比丘（Buddhadasa Bhikkhu，1906
～1993）、越南的一行禪師（ThichNhat Hanh，1926～ ）、斯里蘭卡的阿里耶拉
涅（A. T. Ariyaratne，1931～ ）、泰國的蕭素樂（Sulak Sivaraksa，1933～ ）等
人，他們的佛教運動，與中國的「人間佛教」一道被西方學者概括為「入世佛
教」（Engaged Buddhism）。這些類似的佛教世俗化思潮，其實也就是英國學者
關大眠所謂的「佛教啟蒙」，「『佛教啟蒙』就是要對佛教的智慧基礎進行系統
的現代化，以便針對現代人的生存困境產生的一套清晰而能夠自圓其說的教
義。」〔註26〕對於中國而言，「佛教啟蒙」正伴隨了五四以來的社會啟蒙。人
間佛教作為中國佛教的現代化思潮，正如宋立道教授指出的：「一方面，它維
持了基本的宗教形態；另一方面，它又對外部世界的壓力提出應對之方，產生
了佛教方面的新立場與新態度。這個新的佛教運動，大致說來，具有以下這些
特點：它是理性主義的、關注現世的、關注人生的，並且重視政治參與的。」
人間佛教與 20 世紀其他的佛教新思潮一樣，「它們都接引了近代以來的普世
主義價值觀：人權、解放、民主、自由、理性等等。」〔註27〕——這類思想可
在印順法師的大乘佛教觀中得到印證，如他說：

> 　　說到「大乘佛法」的修行，主要是菩提願，大悲與般若（無所
> 得為方便）。由於眾生根性不一，學修菩薩行的，也有信願增上，悲
> 增上，智增上的差異（經典也有偏重的），但在修菩薩行的歷程中，
> 這三者是必修而不可缺少的。如有悲而沒有菩提願與空慧，那只是
> 世間的慈善家而已。有空慧而沒有悲願，那是不成其為菩薩的。所
> 以大乘菩薩行，是依此三心而修，主要是六度，四攝。……菩薩行
> 的偉大，是能適應世間，利樂世間的。〔註28〕

印順於大乘論師中尤為推尊龍樹，認為龍樹作為「初期大乘」的代表者，
其闡揚的強調自力解脫的「精神為盡其在我」，「忘己為人」、「任重致遠」的菩
薩行思想，可以作為人間佛教利益眾生的司南。而且，龍樹的中觀思想強調對
一切迷妄的否定，作為「對治悉檀」，功在「破斥猶豫」〔註29〕，具有批判意識，

〔註26〕【英】關大眠：《佛學》，鄭柏銘譯，瀋陽：遼寧教育出版社，1998 年，117 頁。
〔註27〕宋立道：《現代佛教：太虛大師的思想背景》，見覺醒編：《佛教與現代化》，北
　　　　京：宗教文化出版社，2008 年。
〔註28〕印順：《契理契機之人間佛教》，《印順法師佛學著作集》28 冊，新竹：印順文
　　　　教基金會（光碟版），2006 年，39～40 頁。
〔註29〕參見印順：《契理契機之人間佛教》，《印順法師佛學著作集》28 冊，新竹：印
　　　　順文教基金會（光碟版），2006 年，28～32 頁。

在現實社會中有明顯的借鑒意義。故印順說：「我是從經論發展的探求中，認為初期的大乘經（龍樹）論——性空唯名系，是會通《阿含》而闡揚菩薩道的，更契合釋尊的本懷。」〔註30〕——由此可見，印順法師不僅堅定維護了「大乘是佛說」的思想，同時也一直在尋找大乘佛教中體現的釋尊本懷，及闡揚其「適應世間，利樂世間」的思想，希望能與現代社會的基本價值相互接契。

就佛教本身而言，印度佛教與中國佛教，上座部佛教與大乘佛教，以及不同派別、不同歷史時期的佛教，雖然在「緣起」、「無我」、「慈悲」這類體現佛陀本懷的基本理念上是一貫的，但從來沒有出現過周貴華所描述的那種大雜燴式的「完整佛教」，即使有，恐怕也只是周貴華內心中思維遊戲的外化呈現。——無論是佛教還是其他宗教，都不可能完全脫離時代文化背景，故印順一生旨在對佛教史「『探其宗本，明其流變，抉擇而洗煉之』，使佛法能成為適應時代，有益人類身心的，『人類為本』的佛法。」〔註31〕——當今時代與歷史上的任何時代一樣，「後之視今，亦猶今之視昔」，絕不是周貴華所謂的什麼「深度末法時代」。

二、與周貴華相似的思想立場：現代基督教「《聖經》無誤」論

如所周知，出於對歷史理性的尊重，印順法師大乘佛教經典中的神話敘事元素，及不合實情的神話宇宙觀，視為特定歷史時期佛教隨順世俗的方便教法，他認為：

> 大乘經中的人物敘述，時地因緣，是不必把他看為史實的。這些，不是理智所計較的真偽，是情意所估計的是否，應從表象、寫意的心境去領略他（與大乘論不同）。他常是一首詩，一幅畫，應帶一付藝術的眼光去品鑒他。「明月向我微笑」，「天為催詩放雨來」，這在藝術的境界中，該不是妄語吧。要讀大乘經，藝術的修養是必要的。懂得一點神話學，民俗學，有一點宗教的情緒才行。否則，不是「闢佛者迂」，就是「佞佛者愚」。〔註32〕

〔註30〕印順：《為自己說幾句話》，《印順法師佛學著作集》43 冊，新竹：印順文教基金會（光碟版），2006 年，256 頁。

〔註31〕印順：《契理契機之人間佛教》，《印順法師佛學著作集》28 冊，新竹：印順文教基金會（光碟版），2006 年，5 頁。

〔註32〕印順：《大乘是說論》，見《印順法師佛學著作集》16 冊，新竹：印順文教基金會（光碟版），2006 年，199 頁。

周貴華卻把印順這種立足於理智，又能兼顧信仰多元性的大乘經理解方式，詆之為「釋印順以己心去猜度作為無上正等正覺之佛陀之心」〔註33〕，甚至進一步推論，不承認了大乘佛教的神話敘事便是否定大乘經，「否定了大乘經直接來源於佛，就等於否定了大乘道！」「可以認為，釋印順就是一個大乘信仰的失信者、大乘道的失道者！畢竟，在大乘皈依中皈依法寶，意味須皈依教法與證法，而教法正是佛陀大乘經教！失去了這個皈依，就失了信，亦失了道！」〔註34〕

從這一連串的感歎號中，幾乎可以感受到周貴華在寫這段話時激動的情緒，不過，這實在是一連串令人目瞪口呆的「神邏輯」。這種「神邏輯」的背後，體現的是周貴華對大乘經的基本立場，也就是，凡有「如是我聞」字樣的佛經，都應視為佛口親說，既然佛口親說，凡夫的智慧只有無條件接受，每一字每一句都是實實在在的真理，即使現在你理解不了，以後總會證實那是真理的。用句老話，就是「理解的要執行，暫時不理解的也要執行，在執行中加深理解。」──周貴華的這一立場，注定了不會體諒印順通過理性的詮釋來維護大乘佛教合法性的一片苦心，卻寫出了一段如此失態的謾罵詆毀的文字。

不過，縱觀現代世界的宗教現象，周貴華對於大乘經「句句是真理」的這種態度，倒也並不是非常獨特，就筆者淺見之所及，現代基督教中所出現的「《聖經》無誤」論，便與周氏的「邏輯」幾乎是一模一樣的。

兩千年以來，基督教中的許多人堅信，《聖經》是「上帝的話語」，全部內容皆得之天啟，故一字不可改易。但到了17世紀以後，西方的《聖經》研究學者出現了「歷史批判方法」（historical-critical method），其目的在超越近乎盲從態度的「純信仰」，利用史實和文獻考據的方法，抽絲剝繭地還原歷史真相，以期重現早期基督教更為接近人性的面相。經過長期的研究，部分基督教學者逐漸發現，「從神學的觀點視之，如果認為《聖經》是早期一群耶穌追隨者的信仰表白，反映他們渴求真理的心境，記載這些基督徒與神聖超越者的互

〔註33〕周貴華：《釋印順佛教研究和佛學思想略觀──從反思角度看》，見《第二屆佛教義學研討會論文集（印順法師佛學思想：反思與探討）》（上冊），2016年10月（無錫），25頁。

〔註34〕周貴華：《釋印順佛教研究和佛學思想略觀──從反思角度看》，見《第二屆佛教義學研討會論文集（印順法師佛學思想：反思與探討）》（上冊），2016年10月（無錫），41頁。

動經驗，這樣的認知是可以成立的。但如果認為《聖經》是在人毫無意識下天降神授，係屬超自然之物，則是有違歷史客觀的事實。」〔註35〕顯然，這兩種對《聖經》的看法，前者的開放性心態，顯然頗近於印順法師對大乘經的意見；周貴華則顯然近於後者。

《聖經》文本研究在 20 世紀所造成的影響，頗具代表者，便是在 20 世紀 60 年代以後，美國基督教福音派的部分「少壯派」，直面數百年來之《聖經》文本研究成果，不再堅持「《聖經》原文無誤」的教義，倡導「《聖經》包含神的話」之說，不再認為「《聖經》就是神的話」。〔註36〕不過，這種思潮很快受到了基督教內保守派的抵制，他們中的一些人在 1977 年聚集於芝加哥，並於 1978 年發表聯合聲明，正式揭出「《聖經》無誤」的旗幟，是為《芝加哥〈聖經〉無誤宣言》（THE CHICAGO STATEMENT ON BIBLICAL INERRANCY），請看下面所的引的幾條，與周貴華辯護大乘經的思路和立場何其相似乃爾。如次所述：

第十二條

我們堅信聖經是全然沒有錯誤的，絕無任何的不實、虛偽和欺騙。

我們否認聖經的無謬誤和無錯誤只限於屬靈的、宗教的、或救贖的議題，而不涉及它在歷史和科學領域的宣稱。我們更否認科學對於地球歷史所作的假設，可以用來推翻聖經對於創造及大洪水的教訓。

第十三條

我們堅信使用「聖經無誤」為一個神學術語，來說明聖經之完全真實，是適當的。

我們否認按照與聖經的用法及其目的相連的真偽標準，來衡量聖經，是合宜的。我們更否認人可以用聖經〔記載〕所缺乏的現象，諸如沒有現代技術上的精準、文法和拼字上的不規則、觀察自然現象的描述、報導虛謊之事、誇張說法和整數使用、內容按話題編排、

〔註35〕 蔡彥仁：《還原〈聖經〉的文本真相》，見【美】巴特・葉爾曼：《製造耶穌》（黃恩鄰譯）之《導讀》，臺北：大家出版社，2010 年，10～11 頁。

〔註36〕 參見趙君影編：《聖經無錯誤文集》，臺北：中華歸主神學院，1994 年，10 頁。

平行記敘採用不同的材料、或自由地引經據典等，來否定聖經無誤
〔的教義〕。

第十四條

我們堅信聖經的合一性，與其內在的一致性。

我們否認尚未解決、所謂聖經的錯誤和缺陷，損壞了聖經所宣
稱的真理。

第十五條

我們堅信聖經無誤的教義，是根據聖經中關於〔聖靈〕默示的
教訓而來。

我們否認人可以訴諸耶穌的人性、或受到任何人性自然的限制，
而不接受他論及有關聖經的教導。〔註37〕

從以上條目的「宣言」可見，這些基督教人士認為《聖經》不僅文字一字
無誤，即使是其中所講的神跡，違背科學和常識的自然知識、互相矛盾的歷史
記載，也皆有其深意。在他們看來，學者若輕易置喙於《聖經》文本，自然就
是對「上帝信仰」的大不敬了。——這種態度，與周貴華對印順的攻訐立場，
也基本如出一轍。

不過，任何宗教中這種「死硬派」的「原教旨」立場，在理論上都很容易
陷入捉襟見肘而難以自圓其說的窘境。——美國《聖經‧新約》「經文鑒別學」
學者巴特‧葉爾曼（Bart D. Ehrman）曾撰有《製造耶穌》（Misquoting Jesus，
亦譯「錯引耶穌」），該書被稱為「最不可能成為暢銷書的暢銷書」，風靡一時，
影響深遠，作者在書中談到他在學習希臘文《聖經》時的心理活動：

我開始瞭解到，唯有閱讀和研究原來的語言，才能掌握《新約》
文本的完整意義和精妙之處（同樣的事情也發生在學習希伯來文和
《舊約》身上），因此我更想要把這語言徹底學好。在這同時，我
也開始質疑過去的信念：上帝真的啟示了《聖經》中的每個字句嗎？
如果《聖經》文本的意義只能透過研讀希臘文和希伯來文原典才能
掌握，這下就是說，大部分沒有讀過古代語言的基督徒，就永遠無
法完整接觸到上帝想傳遞的訊息嗎？……如果大部分的人完全無
法接觸到這些話語，只能接觸到那些多少有些粗糙的翻譯（例如英

〔註37〕http://www.pcchong.com/mydictionary/Special/The_Chicago_Statement_on_Bibl
ical_Inerrancy.htm

文），而即使接觸到也是無能為力，那麼，說這些話語是上帝的啟示，又有什麼意義呢？〔註38〕

通過多年的研究，葉爾曼逐漸發現，就《聖經》而言，「我們根本就沒有原初的話語！我們有的僅僅是錯誤百出的抄本，而且大部分在經歷數百年的傳抄過程中，顯然以上千種方式刪除或修改了原文的字句。」〔註39〕「一旦你放開心胸，接受《聖經》中可能有不協調、矛盾、地理錯誤、虛構歷史、科學上的錯誤或是其他錯誤，你會就發現他們。這些錯誤就在那裡，到處都是」，顯然，「如果內容有任何錯誤，那麼它就不是無誤的。」〔註40〕——相信任何接觸過類似葉爾曼這種的《聖經》文本研究，只要稍具理智，恐怕已不得不對「《聖經》無誤」論有所懷疑。

應該注意到，葉爾曼從未立足於他的研究去否定基督教信仰的合理性，而是呼籲：「研究基督宗教（羅馬天主教、東正教、主流新教、福音派等任何一種基督宗教）或其他信仰的最好方式，便是保持開放的心胸（當然，要確保你真的有用心）！那些相信上帝的人，一定是相信上帝會給我們智慧去思考。因此，當人們穿過大門進入他們的宗教時，應該在門口好好檢查一下自己的腦袋。」〔註41〕

葉爾曼所言之「保持開放的心胸」一語，實在也適合送給周貴華這樣的人。——難道當代佛教也要學習基督教「《聖經》無誤」論那樣，仍然去鼓吹「神創論」的神話，而大張旗鼓地反對進化論等生物學？非要把佛典中須彌山、四大部洲之類的神話，解釋成外星世界或「多元時空」？——印順法師便曾坦言：「佛陀為理智的道德的宗教家，有他的工作重心，無暇與人解說或爭辨天文與地理。佛法中的世界安立，大抵是引用時代的傳說，如必須為這些辯說，不但到底不能會通傳說，而且根本違反了佛陀的精神。」〔註42〕就佛教的

〔註38〕【美】巴特·葉爾曼：《製造耶穌》（黃恩鄰譯），臺北：大家出版社，2010年，22頁。

〔註39〕【美】巴特·葉爾曼：《製造耶穌》（黃恩鄰譯），臺北：大家出版社，2010年，23頁。

〔註40〕【美】巴特·葉爾曼：《製造耶穌》（黃恩鄰譯），臺北：大家出版社，2010年，284頁。

〔註41〕【美】巴特·葉爾曼：《製造耶穌》（黃恩鄰譯），臺北：大家出版社，2010年，284頁。

〔註42〕印順：《佛法概論》，見《印順法師佛學著作集》8冊，新竹：印順文教基金會（光碟版），2006年，124～125頁。

世界觀而言,「佛教與印度教,都共同依據古代的傳說──依須彌山為中心而四面分布。但又各自去想像,組織為獨特的世界形態」,「漠視現代的世界情況,高推聖境,再說一些科學『有錯誤』,『不徹底』,自以為圓滿解決了問題,那也只是自以為然而已!」〔註43〕

　　也許那些「高推聖境」、對佛經神話作出類似科幻小說風格的解釋者,會自以為十分巧妙,不過是否想過,這在稍具科學歷史常識者看來,會有多麼可笑?會導致社會大眾對佛教留下如何荒唐的印象?──當然,這些恐怕是周貴華等只熱衷「濡染於神秘之環境」〔註44〕者從來不會關心的問題。

三、漢傳佛教的「人本」傳統:以《壇經》為例

　　早在 20 世紀 50 年代,印順法師已被部分教內人士質疑其「反大乘」,其後一直有人持類似的論調對其進行攻訐,究其深因,應該是因為印順法師雖是一個堅定的大乘行者,但對大乘佛教(尤其是晚期大乘)中的一些受到各種外部文化元素影響的「超人間」元素有所反思和抉擇。如藍吉富教授指出的:「印老對大乘經並不是百分之百地盲目接受,他是有所批判、有所抉擇的。」〔註45〕除了眾所周知的,印順對「真常唯心論」評價不高,「間致微詞」〔註46〕外,還有若干方面總會引起一些傳統保守人士的敵意,諸如,印順認為大乘經中由於與印度神教的互滲,雜有了許多「天乘化」元素,一定程度上失去了原始佛教信仰的淳樸性,「天佛不二」之類的神秘元素卻越來越多。其次,印順認為印度彌陀淨土信仰的形成,與波斯的瑣羅亞斯德教的太陽崇拜觀念的影響有關。此外,印順認為「華嚴三聖」中的文殊、普賢二菩薩,並非實有其人,前者是後人融攝梵王與舍利弗二者的德性所塑造的,後者是融攝帝釋與目犍連的德性所塑造的,都是象徵型的人物。〔註47〕──印順所論的以上相關內容,不僅前人介紹甚多,連周貴華的文章中也大量徵引,故不再重複。

〔註43〕印順:《佛法是救世之光》,見《印順法師佛學著作集》24 冊,新竹:印順文教基金會(光碟版),2006 年,420～424 頁。

〔註44〕印順:《無諍之辯》,見《印順法師佛學著作集》20 冊,新竹:印順文教基金會(光碟版),2006 年,115 頁。

〔註45〕藍吉富:《印順法師對大乘佛法的詮釋與評價》,見《聽雨僧廬佛學雜集》,臺北:現代禪出版社,2003 年,628～629 頁。

〔註46〕印順:《無諍之辯》,見《印順法師佛學著作集》20 冊,新竹:印順文教基金會(光碟版),2006 年,114 頁。

〔註47〕參見藍吉富:《印順法師對大乘佛法的詮釋與評價》,見《聽雨僧廬佛學雜集》,臺北:現代禪出版社,2003 年,629～630 頁。

　　印順法師的這類觀點，若從學術研究的角度看，當然不能說沒有進一步討論的餘地，但總體而言，可謂見地敏銳，視野獨到，任何人都難以輕易否定其重要價值。即使是從教內的視角看，筆者認為，這也仍可視為一種「判教」的方式，因為，縱觀佛教發展的歷史，無論是印度的部派佛教時期，還是中國南北朝的「學派佛教」時期；無論是印度中觀、唯識二派的長期論戰；還是中國唐代玄奘、窺基的唯識學與天臺、華嚴等「中國化」佛教宗派的紛爭；歷史上這些高僧大德們，特重某經某論而不取某經某論，闡揚某種修行法門而批評其他法門，簡直是太普遍不過了。佛教史上的黃金時代，同時也正是諸學派間激烈爭鳴的時代。反之，古今中外的任何宗教，乃至學問思想，當過於講「圓融」的時候，都會出現章太炎所說的「強相援引，妄為皮傅，愈調和愈失其本真，愈附會愈失其解故」〔註48〕的種種弊端（周貴華的所謂「完整佛教」顯然更近「調和附會」之一路）。因此，印順的這類思想鋒芒，不僅不是周貴華所惡意揣測的，其「皈依的真誠性可疑」〔註49〕，正是印順作為一位卓越的學問僧，不願籠統顢頇，在教理上求真求實的可貴品格的體現。

　　針對印順法師的大乘佛教「祛魅」式的詮釋風格，周貴華極盡其詆毀之能事，其謂：「釋印順極力否定超越人間的知識和體驗範圍、境界、能力之存在，所謂『去天神化』，也就不足為奇了。這不僅在顛覆一切佛教的根基，對全體佛教都破壞甚大。」〔註50〕——周氏以佛教的「天神化」成分為「根基」，如果這只是他的個人私見也就罷了，但若口口聲聲要代表「全體佛教」，那就難免有些奇怪。因為，立足於「人本」的「去天神化」，雖的確是印順佛學思想的特質之一，但在漢傳佛教的傳統上，也明顯可以看到與之類似的思想傾向，若在禪宗具有「宗經」地位的《壇經》中，所記載的六祖慧能的思想，便明顯基於周貴華最反感的「人本」立場而立言。

　　錢穆先生曾指出，禪宗之出現，為中國佛教由出世之觀念返於入世之一大思想史轉捩，慧能則為此一大轉捩中之關鍵人物，慧能所撰之《壇經》中之思

〔註48〕章太炎《論諸子學》，見《章太炎選集》，上海：上海人民出版社，1981年，354頁。

〔註49〕周貴華：《釋印順佛教研究和佛學思想略觀——從反思角度看》，見《第二屆佛教義學研討會論文集（印順法師佛學思想：反思與探討）》（上冊），2016年10月（無錫），53頁。

〔註50〕周貴華：《釋印順佛教研究和佛學思想略觀——從反思角度看》，見《第二屆佛教義學研討會論文集（印順法師佛學思想：反思與探討）》（上冊），2016年10月（無錫），54頁。

想要領，便是佛之自性化與人間化，他說：

> 慧能講佛法，主要是兩句話，即「人性」與「人事」。他教人明
> 白本性，卻不教人屏棄一切事。所以他說：「恩則孝養父母，義則上
> 下相憐，讓則尊卑和睦，忍則眾惡無喧。」所以他又說：「若欲修
> 行，在家亦得，不由在寺。」又說：「在家能行，如東方人心善。在
> 寺不修，如西方人心惡。」又說：「自性西方。」他說：「東方人造罪
> 念佛，求生西方，西方人造罪念佛，求又生何國？」又說：「心平何
> 用持戒，行直何用修禪。」這些卻成為佛門中極革命的意見。慧能
> 講佛法，既是一本心性，又不屏棄世俗，只求心性塵埃不惹，又何
> 礙在人生俗務上再講些孝悌仁義齊家治國。因此唐代之有禪宗，從
> 上是佛學之革新，向後則成為宋代理學之開先，而慧能則為此一大
> 轉捩中之關鍵人物。〔註51〕

慧能的佛法不離世間，於人間修行佛道的思想，也正是被周貴華詆為「相
似佛法」的人間佛教思潮所倡導的。類似的「人本」理念，事實上在《壇經》
中早已屢見不鮮，若經云：「一切經書及文字，小大二乘十二部經，皆因人置，
因智慧性故，故然能建立。若無世人，一切萬法本亦不有。故知萬法，本從人
興，一切經書，因人說有」〔註52〕之類的說法皆是如此。

《壇經》以「無念為宗，無相為體，無住為本」為核心思想，提出「直心
是淨土」之理念，將傳統佛教的成佛觀從遙不可及的彼岸世界，歸復於現世當
下的眾生本心本性上。如慧能對韋使君開示：

> 使君，聽慧能與說。世尊在舍衛城說西方引化，經文分明，去
> 此不遠。只為下根說遠，說近只緣上智。人有兩種，法無兩般。迷
> 悟有殊，見有遲疾。迷人念佛生彼，悟者自淨其心。所以佛言：隨
> 其心淨則佛土淨。使君，東方人但淨心即無罪；西方人心不淨亦有
> 愆，迷人願生東方。兩者所在處，並皆一種心地，但無不淨。西方
> 去此不遠，心起不淨之心，念佛往生難到。除十惡即行十萬，無八
> 邪即過八千，但行直心，到如彈指。使君，但行十善，何須更願往
> 生？不斷十惡之心，何佛即來迎請？若悟無生頓法，見西方只在剎

〔註51〕錢穆：《〈六祖壇經〉大義》，見《中國學術思想史論叢》（四），北京：三聯書
　　　　店，2009年，156～157頁。
〔註52〕楊曾文校寫：《敦煌新本六祖壇經》，北京：宗教文化出版社，2011年，29頁。

那；不悟頓教大乘，念佛往生路遠，如何得達？〔註53〕

顯然，從這裡可以明顯看出，印順法師對彌陀淨土信仰的批評，與慧能的意見相當契合。慧能揭出「心淨則國土淨」之基本觀念，在他看來，理想的世界應存在於每個眾生當體直心之呈現中。這種對當下主體性的「直心」的肯定，也正是對眾生在人間現世成就佛道的認可，亦如賴永海教授指出的，這種直接把佛性歸結於現實人性的做法和思想，導致了中國佛教的另一個根本性變化，即由傳統的注重出世，一改而成為注重入世。〔註54〕慧能所理解的成佛之道，迷即佛眾生，悟即眾生佛。需要主體當下現世承擔責任。故慧能嘗謂：「法元在世間，於世出世間，勿離世間上，外求出世間。」〔註55〕——不知對慧能的見解，周貴華是否也要詆之為「去天神化」的「共俗理性」？是否也應該要「堅決批判、拒斥」〔註56〕？

必須指出，印順法師的人間佛教思想，雖與禪宗思想並無直接關係，他本人亦非禪宗的修行者，但他對禪宗史向有精湛的研究，其代表作《中國禪宗史》中也注意到了慧能思想中的人間性傾向，他指出：

> 慧能不重宗教儀式，不重看心、看淨等禪法，卻重視德性的清淨。「諍是勝負之心，與道違背」；「自若無正心，暗行不見道」；「常見在己過，與道即相當」。想「見性成佛道」，一定要三業清淨，成為法器。不起諂曲心，勝負心，顛倒心，憍誑心，嫉妒心，人我心；離十惡業，八邪道，這才有領受般若法門，啟悟入道的分兒。將深徹的悟入，安立在平常的德行上，宛然是釋迦時代的佛教面目！〔註57〕

印順法師的人間佛教思想，以回歸佛陀時代佛教質樸的人間性面貌為願景。在他看來，慧能《壇經》中的佛學思想，已經具有了這種類似的人間性特質。賴永海說：「中國佛教的人間化，在相當程度上可以說是始自『六祖革

〔註53〕楊曾文校寫：《敦煌新本六祖壇經》，北京：宗教文化出版社，2011年，36頁。
〔註54〕參見賴永海：《中國佛教與哲學》，北京：宗教文化出版社，2004年，37頁。
〔註55〕楊曾文校寫：《敦煌新本六祖壇經》，北京：宗教文化出版社，2011年，40頁。
　　　　——按，傳世宗寶本《壇經》之「佛法在世間，不離世間覺。離世覓菩提，恰如覓兔角」亦此意義，且更為人所熟知。
〔註56〕周貴華：《釋印順佛教研究和佛學思想略觀——從反思角度看》，見《第二屆佛教義學研討會論文集（印順法師佛學思想：反思與探討）》（上冊），2016年10月（無錫），49頁。
〔註57〕印順：《中國禪宗史》，見《印順法師佛學著作集》40冊，新竹：印順文教基金會（光碟版），2006年，134頁。

命』。《壇經》的基本思想之一，就是提倡『即世間求解脫』。此『即世間求解脫』思想的提出，標誌著傳統佛教開始走向『人間佛教』」〔註58〕。這顯然是極具見地的看法。至於後世禪宗古德之語錄如謂「日日是好日」、「平常心是道」、「寒便向火，熱即搖扇。饑時吃飯，困來打眠」、「神通及妙用，運水與搬柴」，包括趙州「吃茶去」之公案，皆可印證於《壇經》不離於現世，關注於當下的人間性思想特徵。大慧宗杲更謂：「入得世間，出世無餘。世間法則佛法，佛法則世間法也」。〔註59〕更將禪宗這一方面的思想本質和盤托出。

至於禪宗思想與近現代人間佛教思想的關係與異同，值得深入研究。雖然，今日反思後期禪宗思想，或確有「重智輕悲」之傾向，人間佛教思想則更重「菩薩道」之現世踐行。不過，至少在注重「人間性」和「人本」這一點上，禪宗與人間佛教雙方的價值取向是相當接近的。

佛教傳入中國後，思想逐漸受到了漢地本土文化的影響，逐漸走向了「佛教中國化」的取徑，這一發展歷程的利弊，近百年來各種意見見仁見智，尚有待於繼續研究反思。不過就中華文化的特質而言，其有側重理智，較少偏於盲信玄想的風格，梁漱溟曾指出，中國人之社會生活，在孔教的影響下，凡事偏重自省，於宇宙人生，側重道理之闡發，更傾向於道德倫理之追求。〔註60〕魯迅則從地理文化論的維度指出：「華土之民，先居黃河流域，頗乏天惠，其生也勤，故重實際而黜玄想」〔註61〕。中國文化的這一特質影響到漢傳佛教的發展，強調「佛法在世間，不離世間覺」的禪宗，便可以說是佛教「中國化」的最終結晶。

印順法師也曾自述，正是受到了中國傳統文化的影響，對佛教史中「怪力亂神」，「索隱行怪」的成分，斷然「不會尊重他們。」〔註62〕——如此看來，周貴華批判「人本理性」而致力為佛教的「天神化」辯護，這不僅是否定印順法師及其人間佛教，同時也有意無意地拒斥了漢傳佛教中極具現代價值的思想傳統。

〔註58〕賴永海：《佛學與儒學》，杭州：浙江人民出版社，1996 年，218 頁。

〔註59〕《大慧普覺禪師語錄》，見《大正藏》47 冊，929 頁。

〔註60〕參見梁漱溟：《中國文化要義》，上海：上海世紀出版集團，2005 年，12 頁，90～98 頁。

〔註61〕魯迅：《中國小說史略》，見《魯迅全集》第 9 卷，北京：人民文學出版社，1981 年，23～24 頁。

〔註62〕印順：《〈臺灣當代淨土思想的動向〉讀後》，見《印順法師佛學著作集》29 冊，新竹：印順文教基金會（光碟版），2006 年，101 頁。

四、結語

　　事實上，周貴華對印順法師的種種攻訐言論，實在了無新意，與之類似的說法，半個多世紀以來所在多有，不斷重複，前輩學者亦不乏辯駁之力作。不過，像周貴華文章的篇幅之冗長、態度之激烈、言辭之惡毒者，倒是確不多見。——從學術的爭鳴角度而言，對任何人的思想，當然都可以討論，但對印順法師這種引領風氣的劃時代人物而言，無論你是否接受他的基本理念，也不能輕易否定他。正如宣方先生指出的：「對於上世紀六、七、八十年代的佛教思想界來說，印順思想是他們理解和接受佛教思想的必須經過的一座橋樑，不管這些學人後來是繼續沿著印順指引的路線前行，還是自覺不自覺地走出或想要走出印順思想的龐大背影。因此，就精英群體的佛學闡釋和佛學研究而言，將臺灣佛教思想史和學術史的某個階段（無論其準確時限如何界定）稱為『印順時代』並無不可。」即使是「同時代臺灣佛教史的另一典範人物星雲大師，也承認在此期間印順法師的佛學研究成績最大。」〔註63〕但若像周貴華那樣毫無理智的肆意詆毀，恐怕只會反襯出其自身的輕率和淺薄。

　　印順法師的佛學思想複雜深邃，他既立足於大乘佛教「菩薩道」的堅定信仰，維護「大乘是佛說」的基本立場，也強調對傳統佛教不合釋尊本懷的部分，乃至於種種糟粕成分的反思意識，他對龍樹中觀思想作為「破邪顯正」之思想武器的推重，其中似乎也隱含著對於作為「五濁惡世」的此岸世間的批判視野〔註64〕。因此，終其一生，印順的思想學說經常受到佛教內部守舊勢力的牴觸。不過，縱觀歷史上的多數思想先行者的理論，都不可能在短時期內就起到「立竿見影」的成效，而大抵是通過潤物無聲的方式，緩慢影響了人的思想而漸收其功。由此可見，佛教內部還有人常批評印順的「人間佛教」思想缺乏「可操作性」，其實也是個偽命題，苛求任何一位開啟風氣的思想家的「實用性」，恐怕都陷入了一種淺薄的誤區當中，若羅素所說，思想者「但要拿思想征服世界，現在就須甘心不再依傍他。大多數的人，一輩子沒有多少疑問。他們看著流行的信仰和實際，就隨聲附和，自覺著若不反對世

〔註63〕宣方：《作為方法的印順：問題意識、詮釋效應及其他》，《當代》雜誌 2005 年
　　　　總第 245 期。
〔註64〕印順晚年時尚謂：「我的身體衰老了，而我的心卻永遠不離（佛教）少壯時代
　　　　佛法的喜悅！願生生世世在這苦難的人間，為人間的正覺之音而獻身！」（見
　　　　《契理契機之人間佛教》文末）此「苦難的人間」一語，實耐人尋味。

界，世界總要是他們的伴侶。這種舒舒貼貼的默許甘從，新的世界思想實與他不能相容。新思想必需的，是一種知識的超脫，一種孤獨的精力，一種能在內裏主宰世界的力量。」〔註65〕蓋思想學術之為物，是「道」而非「術」，皆是對無限世界的沉思和追索，須甘於孤寂，不媚時俗，「舉世非之而不加沮，舉世譽之而不加勸」。──這也正是印順法師身後值得教界和學界共同緬懷和學習的卓越品質。

〔註65〕【英】羅素：《我們所能做的》（張申府譯），轉引自孫郁：《在民國》，北京：中國人民大學出版社，2014 年，280 頁。

第五章　諸家論衡

透過佛學的魯迅詮釋

　　魯迅與佛學的關係，是一個多有人關注，卻難以深入的話題。因為，雖根據魯迅同時代人的敘述，及種種材料的記載，可知其於佛學曾用功很深。若其老友許壽裳回憶：「民三以後，魯迅開始讀佛經，用功很猛，別人趕不上。」〔註1〕魯迅撰於青年時的《破惡聲論》中已謂「佛教崇高，凡有識者所同可」〔註2〕，在 1912 至 1915 年間，他大批購置佛教典籍，反覆沉潛研讀。其一生中與楊仁山、釋太虛、李叔同、鈴木大拙等許多中外佛教名人有直接或間接的交往。後來成為印度哲學大家的魯迅學生徐梵澄在晚年時還感慨「揣想其佛學造詣，我至今仍不敢望塵。」〔註3〕不過，就佛學本身而言，卻幾乎未在魯迅平生著述中有過專門的論述，論者往往只能就其文章中的個別隻言片語的提示，進行近乎穿鑿甚至不著邊際的揣測。事實上，吾人熟讀魯迅文章會感到，佛學對他的影響，是精神氣質層面的，在表面上卻又看不見摸不著。孫郁先生在《魯迅的暗工夫》文中謂魯迅文字的不凡，在於其「暗工夫」，「暗工夫是摸不到的，是虛的存在，但爆發起來，卻有大的內力。他同時代一些學者和作家讀過什麼書，我們容易知道，比如胡適和周作人讀的書非常多，從其學術隨筆都能夠看到。魯迅不是這樣，他的文字很漂亮，表面似乎沒有什麼，但背後有一個東西支撐著。這文本背後的東西是模糊的，幾乎看不見，而且作者又不願

〔註1〕許壽裳：《亡友魯迅印象記》，見《摯友的懷念——許壽裳憶魯迅》，石家莊：河北教育出版社，2000 年，26 頁。

〔註2〕魯迅：《破惡聲論》，見《魯迅全集》第 8 冊，北京：人民文學出版社，2005 年，31 頁。

〔註3〕徐梵澄：《星花舊影——對魯迅先生的一些回憶》，見《徐梵澄文集》第 4 卷，上海：上海三聯書店，2006 年，387 頁。

意表白。但我們能夠感受到那些文字是在深水裏浸泡過的，藏有諸多的信息。」〔註4〕——佛學顯然也是魯迅最重要的「暗工夫」之一。

筆者自少年時閱讀魯迅，兼及有關的研究作品，十多年前也曾發表過若干考據性的劄記，不過因後來的種種機緣，沒有在這一領域上持續下去，轉而成了佛學的研究者，不過多年來對此問題一直念念不忘，研究佛學時日愈久，愈覺其與魯迅的精神世界相契合者甚多。——既然佛學之於魯迅的問題，在文本的研究上難以深入，何不轉換思路，透過佛學的若干根本理念來理解魯迅？庶幾可見魯迅思想的內在層面，確與佛學間有許多本質上的遙相呼應者。

一、對世間「苦」的體認

佛家對於現實世界的感受，以「有漏皆苦」立基，認為一切生命只要有其欲求，便是「苦」的存在。佛教經論中將苦加以分類，有三苦、四苦、八苦，乃至百餘苦等說。最通行的為「四苦」或「八苦」，生、老、病、死為四苦，再加上愛別離苦、怨憎會苦、求不得苦、五陰盛苦，則成為八苦之說。「有漏皆苦」是從佛陀時代的原始佛教直至後世南、北傳佛教的一切派別的共識性教義。

佛教對世間之為「苦」的認識，有其社會根源。佛教在公元前 6 世紀誕生之始，印度社會種姓制度盛行，階層分化瑣細嚴苛，許多民眾生活在苦不堪言的社會底層，故佛教所說的「苦」事實上也是指向現世不平等的尖銳的批判意識。今人所熟知的「眾生平等」之理念，便是基於這一批判意識所產生。近代著名佛教僧侶釋太虛在其《自由史觀》中說：「釋迦為解放印度四姓階級而創建平等自由之社會者，固世上無人不知也。觀此可知佛陀可於近代人類自由運動以基礎上，為人類完成自由本性之導師，然非後代衰腐之佛徒也。」〔註5〕

近現代的不少思想者都從佛教「苦」的觀念中得到了啟示，若康有為在《大同書》首章（甲部）中有「入世界觀眾苦」之說，謂「吾既生亂世，目擊苦道，而思有以救之」，「人道之苦無量數不可思議，因時因地，苦惱變矣，不可窮紀之」〔註6〕，羅列人生於世種種苦難達三十八種。並思考離苦救世之道。蓋古來之哲人思想者們，因靈心善感，對世界苦難的體驗本已過於常人，兼之身處

〔註4〕孫郁：《魯迅的暗工夫》，見《文藝爭鳴》2015 年 5 期。

〔註5〕太虛：《自由史觀》，見《太虛大師全書》（24 冊），新竹：印順文教基金會（光碟版），2006 年，282 頁。

〔註6〕康有為：《大同書》，瀋陽：遼寧人民出版社，1994 年，11 頁。

近世家國積弱，百業凋零之際，對於世間存在之「苦」的體會當更為敏感，往往也是他們試圖發願「亟拯斯民於水火，切扶大廈之將傾」的認識基礎之一。

魯迅先生自童年時已飽嘗世間冷暖，他在《吶喊》的《自序》中慨歎「有誰從小康人家而墜入困頓的麼，我以為在這途路中，大概可以看見世人的真面目。」〔註7〕人性之陰暗醜惡面，也正是構成「他人即地獄」的苦痛社會的根源。「痛苦」的感受，也是魯迅成年後日常生活中所背負的心理重擔。若其自述：「只是我自己的寂寞是不可不驅除的，因為這於我太痛苦。我於是用了種種法，來麻醉自己的靈魂，使我沉入於國民中，使我回到古代去，後來也親歷或旁觀過幾樣更寂寞更悲哀的事，都為我所不願追懷，甘心使他們和我的腦一同消滅在泥土裏的，但我的麻醉法卻也似乎已經奏了功，再沒有青年時候的慷慨激昂的意思了。」〔註8〕

在魯迅的作品中，多見以佛教所講的地獄極苦狀態，來隱喻現實世間，若謂：

> 華夏大概並非地獄，然而「境由心造」，我眼前總充塞著重迭的黑雲，其中有故鬼，新鬼，遊魂，牛首阿旁，畜生，化生，大叫喚，無叫喚，使我不堪聞見，我裝作無所聞見模樣，以圖欺騙自己，總算已從地獄中出離。〔註9〕

> 我夢見自己躺在床上，在荒寒的野外，地獄的旁邊。一切鬼魂們的叫喚無不低微，然有秩序，與火焰的怒吼，油的沸騰，鋼叉的震顫相和鳴，造成醉心的大樂，布告三界：地下太平。……地獄原已廢弛得很久了：劍樹消卻光芒；沸油的邊際早不騰湧；大火聚有時不過冒些青煙，遠處還萌生曼陀羅花，花極細小，慘白可憐。──那是不足為奇的，因為地上曾經大被焚燒，自然失了他的肥沃。〔註10〕

佛家多以「五濁」「火宅」喻現世，《法華經》說：「諸佛出於五濁惡世。所謂劫濁、煩惱濁、眾生濁、見濁、命濁。」「三界無安，猶如火宅，眾苦充

〔註7〕魯迅：《吶喊·自序》，見《魯迅全集》第1冊，北京：人民文學出版社，2005年，437頁。

〔註8〕魯迅：《吶喊·自序》，見《魯迅全集》第1冊，北京：人民文學出版社，2005年，440頁。

〔註9〕魯迅：《「碰壁之後」》，見《魯迅全集》第3冊，北京：人民文學出版社，2005年，72頁。

〔註10〕魯迅：《失掉的好地獄》，見《魯迅全集》第2冊，北京：人民文學出版社，2005年，204頁。

滿，甚可怖畏。」魯迅詩《題三義塔》「偶值大心離火宅」〔註11〕句便借用了
這一典故。身處於熊熊大火中的苦痛，正是魯迅對於醜惡的現世存在的體驗
意象。

　　顯然，超越日常經驗之痛苦，而試圖從批判人性入手，對抗世間之苦難，
構成了魯迅平生著述最原初的出發點，他希望「自己背著因襲的重擔，肩住
了黑暗的閘門，放他們到寬闊光明的地方去；此後幸福的度日，合理的做人。」
（《我們現在怎樣做父親》）如夏濟安說：「他的修辭力量大多來自強烈的對
比：光明與黑暗，沉睡與覺醒，吃人者和被吃者，人和鬼，孤獨的戰士和他
周圍的敵對勢力，站在叛逆者一邊的和壓迫毀滅他的人。」〔註12〕——以光
明反抗黑暗，以鬥爭反抗壓迫，至於「反抗絕望」後的結果會是如何呢，魯
迅的認識，也許正是其援引的裴多菲詩句：「絕望之為虛妄，正與希望相同。」
〔註13〕《野草‧過客》中小女孩所說的野百合、野薔薇叢生之地，同時也是
一片墳冢。〔註14〕

二、沉靜淵默的人格氣質

　　中國古人亦稱佛教為「內學」，其意蓋謂佛教為重視反觀內省而旨在提升
內心境界之學。佛教有「八正道」之說，其中之一，將整理散亂的內心情緒，
使之安住於一處，謂之「正定」。「正定」的梵文音譯為「三昧」，隋‧慧遠《大
乘義章》中謂：「心住一緣，離於散動，故名為定。言三昧者，是外國語。此
名正定，定如前釋；離於邪亂，故說為正。」修習「正定」的方式，即所謂
「禪」，「禪」為「禪那」（梵文 dhyāna）的簡稱，在古印度，禪的起源非常古
老，早在佛教誕生之前的婆羅門教之奧義書時代已經盛行。由於印度氣候炎
熱，物產豐富，宗教修行者們具有較多的閑暇時間，故常在森林樹下靜坐冥
想，此即稱為禪那。胡適常以一則佛經故事來說明印度禪學中「定」的問題，
他選取的是3世紀譯出的《修行道地經》中的一則：

〔註11〕魯迅：《題三義塔》，見《魯迅全集》第 7 冊，北京：人民文學出版社，2005
　　　　年，157 頁。

〔註12〕夏濟安：《魯迅作品的陰暗面》，見《國外魯迅研究論集》，北京：北京大學出
　　　　版社，1981 年，367 頁。

〔註13〕魯迅：《希望》，見《魯迅全集》第 2 冊，北京：人民文學出版社，2005 年，
　　　　182 頁。

〔註14〕魯迅：《過客》，見《魯迅全集》第 2 冊，北京：人民文學出版社，2005 年，
　　　　195 頁。

　　某時代，有一個國王，想找一個宰相。後來找到一個可以當宰相的人，先說要殺他，經人解說，於是要他用一個盤子，盛上滿盤子油，從東城捧到西城，不准滴出一滴，否則殺頭。這個條件，很不容易做到。他走到路上，有他的父母妻子哭他，他沒有看見。有頂美的女人，從他身邊走過，看人的不知有多少，他沒有看見。後來忽然又來了一個瘋象，嚇得滿街的人亂跑亂跳，可是他一心一意在盤子上，仍然沒有看見。不久又遇到皇宮失火，一時救火搶火，鬧得紛亂不堪，並且在殿梁上的一巢馬蜂，被火燒出，到處飛著螫人，這人雖然被螫了幾下，可是始終沒有感覺到，仍然專心致志的捧著油盤往前走。最後，他竟達到了目的地，一滴油也沒有滴下來。於是國王便拜他做宰相，以為一個人做事，能夠這樣專心，便是喜馬拉雅山，也可以平下來，何況其他！〔註15〕

　在胡適看來，「印度禪是要專心，不受外界任何影響」，故可名之為「定」。佛教有所謂「戒、定、慧」三學，達到「定」的境界，是引發「慧」的基礎，故謂「由定生慧」。就魯迅文字中所體現出的人格氣質而言，其同時代人張定璜評價謂：「第一個，冷靜，第二個，還是冷靜，第三個，還是冷靜。」〔註16〕知人論世入木三分，剖析人性直中腠理，這其中固有張氏所提到的魯迅所受醫學解剖訓練的影響，其平生的佛學濡染的因素，恐怕也絕不能忽視，對此，徐梵澄有敏銳的察覺：

　　　　但先生能入乎佛學，亦能出乎佛學。……抑或是得力於道家的修養──因為先生也深通老、莊──，胸襟達到了一極大的沉靜境界，彷彿是無邊的空虛寂寞，幾乎要與人間絕緣。如詩所說「心事浩茫連廣宇」，外表則冷靜得可怕，尤其在晚年如此。……這冷靜境界，在思想上成就了精闢的見解，看事物異常深透，所謂「靜則生明」……其冷靜，「淵默」，不能純粹是對辛亥革命後的許多事情的失望造成的，必亦是由於一長期的修養，即內中的省察存養而致。換言之，在自己下過絕大的工夫。顯然，這必是受了佛經或老、莊的影響。這只偶而在文字中透露一點。……當然，「雷聲」可聞，

〔註15〕胡適：《中國禪學的發展》，見《20世紀佛學經典文庫‧胡適卷》，武漢：武漢大學出版社，2008年，39～40頁。
〔註16〕張定璜：《魯迅先生》，見《六十年來魯迅研究論文選》（上），北京：知識產權出版社，2010年，31頁。

「淵默」便無可聞。沒有人能窺透那淵深無底的心靈，一現則表為一時代的熱烈的偉大革命者。〔註17〕

老莊道家學說與佛教禪學在「靜則生明」這一點上是一致的，故後世有「莊禪」之語，二者在中國文化的影響上幾乎渾然一體，密不可分。——魯迅在文章中雖然幾乎沒有對禪學有過什麼直接的評價，但其與日本禪學宗師鈴木大拙的一些交往，似乎透露出了一點此中消息。

魯迅《日記》1934 年 5 月 10 日中記：「上午內山夫人來邀晤鈴木大拙師，見贈《六祖壇經‧神會禪師語錄》合刻一帙四本，並見眉山、草宣、戒仙三和尚，齋藤貞一君。」〔註18〕會晤後並合影留念。魯迅當時應眉山和尚之請，特以《金剛經》中的經句「如露復如電」（《金剛經》原文為「如露亦如電」）題贈。鈴木大拙與魯迅的晤談非常愉快，據說他知道魯迅能飲酒後，後令秘書齋藤貞一專程送去一箱麒麟牌啤酒相贈。〔註19〕回到日本，鈴木大拙撰寫出版了《支那佛教印象記》，專函寄給魯迅。魯迅在 1934 年 10 月 28 日《日記》中記道：「得鈴木大拙師所贈《支那佛教印象記》一本。」〔註20〕鈴木大拙後回憶與魯迅的這次會晤，談到「先生短軀偉貌，雖會談短暫，誠可謂『春宵一刻值千金』，一問一答銘刻於心」。〔註21〕——這兩位東方不同領域的思想者的交流能如此投契，若魯迅未對禪學深入堂奧，恐怕是不可想像的。此外，據《魯迅年譜》載，1931 年 3 月 1 日，魯迅在內山書店見到弘一法師所書寫的書法「戒，定，慧」三字，甚為喜愛，向內山索要並帶回珍藏〔註22〕，恐怕也是一件頗值得玩味的事情。

讀魯迅的《野草》書中諸文，可感受到他平素洞察己心，恐怕已達到了甚深微妙的潛意識層面，若《墓碣文》中「抉心自食，欲知本味。創痛酷烈，本味何能知」、「於浩歌狂熱之際中寒；於天上看見深淵。於一切眼中看見無所

〔註17〕徐梵澄：《星花舊影——對魯迅先生的一些回憶》，見《徐梵澄文集》第 4 卷，上海：上海三聯書店，2006 年，387～388 頁。

〔註18〕魯迅：《日記》，見《魯迅全集》第 16 冊，北京：人民文學出版社，2005 年，449 頁。

〔註19〕沈鵬年：《魯迅和鈴木大拙》，見《佛教文化》1993 年第 3 期。

〔註20〕魯迅：《日記》，見《魯迅全集》第 16 冊，北京：人民文學出版社，2005 年，480 頁。

〔註21〕金子務：《鈴木大拙的中國體驗——1934 年中國佛教的諸側面》，見《佛學百年》，武漢：武漢大學出版社，2008 年，178 頁。

〔註22〕《魯迅年譜》第 3 冊，北京：人民文學出版社，2000 年，500 頁。

有；於無所希望中得救」〔註23〕等語（「無所有」便本係佛教語），顯係其自我
精神歷程的夫子自道，若無近乎禪家「面壁苦參」的自省工夫，恐難臻此。徐
梵澄所言魯迅心靈之「淵深無底」，正可印之《野草》。魯迅舊體詩作中，不僅
偶有佛教之取典，若「心事浩茫連廣宇，於無聲處聽驚雷」〔註24〕一句，讀之
便大有禪味。

　　當然，魯迅沉靜淵默的氣質並不能簡單說是佛學或其他某方面的絕對影
響，當兼為先天因素、童年經歷、後天閱歷的綜合而成，不過他的「淵默」與
佛學之間至少確有極為契合之處，用佛教的話，謂之「相應」，庶幾近之。

三、「破邪即顯正」

　　魯迅的生前死後，於他思想成就不甚以為然，或持諸如「魯迅不如胡適」
這類意見者，往往多認為魯迅「有破無立」，只有對現狀的批判，而無對未來
的建設性構想，因此不能算是卓越的思想者。對魯迅最早提出這類攻訐者，大
概是梁實秋，他在1929年發表的《「不滿於現狀」，便怎樣呢？》一文中說：
「有一種人，只是一味的『不滿於現狀』，今天說這裡有毛病，明天說那裡有
毛病，有數不清的毛病，於是也有無窮盡的雜感，等到有些個人開了藥方，他
格外的不滿：這一副藥太冷，那一到藥太熱，這一副藥太猛，那一副藥太慢。
把所有的藥方都裹貶得一文不值，都挖苦得不留餘地，好像惟恐一旦現狀令他
滿意起來，他就沒有雜感可作的樣子。」又說：「『不滿於現狀』，便怎樣呢？
我們要的是積極的一個診斷，使得現狀漸趨（或突變）於良善。現狀如此之令
人不滿，有心的人恐怕不忍得再專事嘲罵只圖一時口快筆快了罷？」〔註25〕對
此質疑，魯迅並沒有正面回答，只在《好政府主義》一文中反戈一擊，指出
「新月派」所信奉的「好政府主義」，其實沒有任何實質性內容，說了等於沒
說一樣，因此，「即使並不根據什麼主義，也會生出雜感來的。雜感之無窮無
盡，正因為這樣的『現狀』太多的緣故。」〔註26〕梁實秋卻自以為，這一質疑

〔註23〕魯迅：《墓碣文》，見《魯迅全集》第2冊，北京：人民文學出版社，2005年，
　　　　207頁。
〔註24〕魯迅：《戌年初夏偶作》，見《魯迅全集》第7冊，北京：人民文學出版社，
　　　　2005年，472頁。
〔註25〕梁實秋：《「不滿於現狀」，便怎樣呢？》，見《恩怨錄‧魯迅和他的論敵文選》，
　　　　北京：今日中國出版社，1996年，615頁。
〔註26〕魯迅：《「好政府主義」》，見《魯迅全集》第4冊，北京：人民文學出版社，
　　　　2005年，249頁。

「大概是搔著他的癢處」，其在魯迅逝世後所寫的《魯迅與我》一文，還在重提此事而沾沾自喜〔註27〕。

多年來，筆者常耳聞目睹這類論調，也造成了一些困擾——雖明明覺得哪裏有些不對，卻也說不清到底不對在哪裏，直到後來瞭解到中國佛教三論宗的「破邪即顯正」之教義，對此疑問方渙然冰釋。

「破邪即顯正」的含義，《佛光大辭典》中有清楚扼要的介紹：「佛教諸宗無不以破邪顯正為要旨，然三論宗之主要立意，特重破邪顯正。該宗破邪顯正之說，與諸宗有異。諸宗之通說對邪道加以排斥，於正理加以彰顯，故破邪之外另須顯正。三論宗則主張立破同時，謂破邪即顯正，破邪之外不須另有顯正，既已破邪道、邪見、邪執等諸邪論，則無所得之中道、諸法實相之真理即自然而顯。並認為他宗則破邪之外有顯正，為顯正而反生偏執，破其他之邪，而己不免亦墮於邪，故難謂真破邪。」〔註28〕

這段文字也許有些晦澀，需稍加解說：三論宗是隋代吉藏所創立的佛教宗派，他們宗奉印度佛教的「大乘空宗」之說，「大乘空宗」的主要看法是，認為世界上的世俗語言對於佛教的真理來說，具有侷限性，難以說得清楚，因此只能通過破斥一切錯誤的觀念，在這一批判和否定的過程中使得佛教真理自然呈現。他們所講的「空」，其實是一種徹底的否定精神，不僅否定了現實世界，包括傳統上佛教所尊奉的「佛法」、「因果」、「涅槃」之類，也全然清掃，認為但有任何執著，無論是執著於世俗觀念還是執著於佛法，都只能離佛境界更遠，《金剛經》中說的「法尚應捨，何況非法」便是這個意思。正如熊十力在《新唯識論》中所說：「像空宗那般大掃蕩的手勢，直使你橫猜不得，豎猜不得，任你作何猜想，他都一一呵破，總歸無所有，不可得。直使你杜絕知見，才有透悟性體之機。」〔註29〕——中國的三論宗延續了這一思想，與其他宗派在「破邪」之外另立「顯正」不同，認為「破邪」本身就是「顯正」，在不斷否定的過程中，真理本身已在不言自明地逐漸開顯。顯然，這種學說頗有些黑格爾辯證法的味道。

「破邪即顯正」這一佛學理念，與魯迅平生致力於蕩滌一切人性醜惡與社會黑暗的精神十分契合，先生早年亦曾參與民族革命，但後來卻發現，民國

〔註27〕梁實秋：《魯迅與我》，見《魯迅評說八十年》，北京：中國華僑出版社，2005年，353頁。

〔註28〕《佛光大辭典》，北京：書目文獻出版社，1996年，4234頁。

〔註29〕熊十力：《新唯識論》，北京：中華書局，1985年，383頁。

成立後，社會卻幾乎沒有什麼本質的改善，故他感慨：「革命，反革命，不革命。革命的被殺於反革命的。反革命的被殺於革命的。不革命的或當作革命的而被殺於反革命的，或當作反革命的而被殺於革命的，或並不當作什麼而被殺於革命的或反革命的。革命，革革命，革革革命，革革……。」〔註30〕顯然，在魯迅的認識上，如果尚不能改變民性愚弱麻木和缺乏理性的現狀，奢談什麼「主義」或「學說」，並將之視為「一劑見效」的「靈丹」，恐怕都是幼稚可笑的「戲論」。——昔人總結魯迅的思想歷程，或謂從早期的「進化論」到後期的「階級論」，或謂「托尼學說，魏晉文章」，自然也都不能算錯，不過，這些在魯迅平生曾致力研究並持好感的理論，事實上都充當了魯迅不同時期的「批判的武器」，都未必真都是魯迅思想深層的東西，唯蔡元培先生所言：「先生閱世既深，有種種不忍見不忍聞的事實，而自己又有一種理想的世界，蘊積既久，非一吐不快。」〔註31〕或較切近實質，魯迅的「理想的世界」，不在其深刻睿智的批判意識之外，而是在此過程中的開顯。

〔註30〕　魯迅：《小雜感》，見《魯迅全集》第 3 冊，北京：人民文學出版社，2005 年，356 頁。

〔註31〕　蔡元培：《魯迅先生全集序》，見《六十年來魯迅研究論文選》（上），北京：知識產權出版社，2010 年，196 頁。

宗仰上人與章太炎先生交往考略

　　宗仰上人（1865～1921）法名印楞，別號烏目山僧，為近代民主革命之元勛，上人平生佛法深湛，詩文雄健，亦精書畫之技、營造之術。其於 1880 年在常熟清涼寺出家，1884 年在鎮江江天寺受戒，1899 年振錫滬上，後在 1901 年，受猶太富商哈同的華籍夫人羅迦陵聘請，主持設計建造愛儷園，建成後常於中講授佛法。宗仰上人身處方外而不忘世間，值家國凋零之末世，憤於清廷腐敗，遂萌民主革命之志。近代革命領袖、國學泰斗章太炎（1869～1936）亦淹通佛法，太炎先生涉獵佛學，是 30 歲以後在友人夏曾佑、宋恕的影響下研讀佛典。其潛心於此，則是在因與清廷抗爭的「蘇報案」事件而身陷囹圄的三年間（1903～1906）。他在獄中大量研讀佛經，「及因係上海，三歲不覿，專修慈氏、世親之書。」〔註1〕，其弟子許壽裳曾回憶說：「（太炎先生）於作苦工之外，朝夕必諷詠《瑜伽師地論》，悟到大乘法義，才能克服苦難，期滿出獄後，鼓動革命的大業」〔註2〕。1906 年，章太炎出獄後到東京，在對留學生演講中提出，「要用宗教發起信心，增進國民的道德……提倡佛教為社會道德起見，固是最要；為我們革命軍的道德上起見，亦是最要。」〔註3〕此所言之「以宗教發起信心」為章太炎平生佛學的根本宗旨。可以說，在晚清革命者群體中，太炎先生重視佛學的思想旨趣，應與身處方外的宗仰上人最為切近。

〔註1〕章太炎：《自述學術次第》，見《章太炎生平與學術自述》，南京：江蘇人民出版社，1999 年，166 頁。

〔註2〕許壽裳：《亡友魯迅印象記》，見《魯迅回憶錄（上冊）》，北京：北京出版社，1999 年，248 頁。

〔註3〕章太炎：《東京留學生歡迎會演說錄》，見《章太炎文選》，上海：上海遠東出版社，1996 年，145 頁。

宗仰上人與章太炎結交大約於 1902 年，此時太炎尚「粗涉釋典」，其在宗仰圓寂後所撰之《棲霞寺印楞禪師塔銘》中回憶說：

> 印楞禪師者，余所與遊於方外者也，而甚達方內事。語默之際，人莫得而窺矣。當清光緒末，海宇多故，士皆瞋目扼腕，道執政無狀，雖宴遊未嘗衰，而上海舟輿之會為尤劇。是時禪師自上江來，以繪事識諸名士，論議往往及時政，皆中症語，諸名士盡愕眙不知其所從來，良久乃知為金山江天寺僧也。

> 余時粗涉釋典，且好事，以是得與禪師遊。頃之，余以《駁康有為書》貶絕清室，與鄒容同下獄，禪師百方為營解，卒不得。又八歲，武昌倡義，余自日本歸，舍吳淞都督李燮和所。禪師來，知其嘗為燮和饋炯。顧時方重刻日本宏教書院佛藏，又綜時事，兼關道俗，未嘗得休舍。民國興，佛藏就，諸與遊者皆驟貴顯，則禪師廓然歸矣。〔註4〕

彼時宗仰上人時往來於哈同花園講經，故太炎聞其「論議往往及時政，皆中症語」，引為同道。宗仰亦仰慕太炎先生之道德學問，有詩贈太炎曰：

> 神州莽莽事堪傷，浪藉家私贓客王。
> 斷髮著書黃歇浦，哭麟歌鳳豈佯狂。〔註5〕

該詩撰於 1902 年 8 月 15 日，其中「客王」當指滿清統治者，章太炎曾有《客帝》一文，謂滿人以外族入主中原，只能視之為「客」。蓋謂傷於神州內憂外患之時事，滿清統治者又在揮霍華夏之財富資源，拱手與人。後兩句則為讚頌太炎之語，「哭麟」係孔子事，載《公羊傳》，謂孔子見死麟而感歎「吾道窮矣」；「歌鳳」為《論語》中載，隱士楚狂接輿過孔子而歌曰：「鳳兮鳳兮，何德之衰」云云。這兩句謂太炎斷髮割辮，誓與滿清決絕而著書於滬上，像古代的聖人和隱逸那樣憂國憂民，而非佯狂玩世。——太炎先生向被視為狂者，其實這種「狂」乃是一種不合流俗，「排除生死，旁若無人，布衣麻鞋，徑行獨往，上無政黨猥賤之操，下無懦夫奮矜之氣」〔註6〕的精神境界，絕非世俗文人之酸腐癡狂之氣，故從宗仰上人之詩作看，其不啻為深知太炎之知己。——

〔註4〕章太炎：《棲霞寺印楞禪師塔銘》，見《制言》1935 年總 10 期。

〔註5〕宗仰：《贈太炎》，見《宗仰上人集》，武漢：華中師範大學出版社，2011 年，136 頁。

〔註6〕章太炎：《答鐵錚》，見《章太炎全集》第 4 卷，上海：上海人民出版社，1985 年，374～375 頁。

一二公定交之後，平生有頗多方面的往來，述之如次。

一、序《齊物論釋》

　　舉凡章太炎平生最為看重的佛學作品，當屬其「以佛解莊」的《齊物論釋》，該書為章太炎約於 1908～1910 年間所撰成，開篇謂：「《齊物》者，一往平等之談，詳其實義，非獨等視有情，無所優劣，蓋離言說相，離名字相，離心緣相，乃合《齊物》之義。」〔註7〕太炎認為，「齊物」，便是「齊不齊以為齊」，即是在任萬物眾生之「不齊」的狀態下，破除世俗名相諸羈絆，達無分別之心境，人類才能實現真正的自由平等。太炎自謂其思想係將莊子「齊物」之義，「與瑜伽、華嚴相會」，這一創見為「千載之秘，睹於一曙」〔註8〕。太炎晚年所撰《自述學術次第》，自我評價其平生著述，謂「若《齊物論釋》、《文始》諸書，可謂一字千金矣。」〔註9〕梁啟超在《清代學術概論》中則評價《齊物論釋》：「炳麟用佛學解老莊，極有理致，所著《齊物論釋》，雖間有牽合處，然確能為研究莊子哲學者開一新國土。」〔註10〕──章太炎的這部佛學經典，其《後序》即宗仰上人所撰，全文謂：

　　　　莊周之書，自《漢志》而下，代有著錄，注解義疏，無慮百數十家。寄意浮林，陳辭澶衍，懸解萬端，如陳芻狗。吾宗自昔有支道林嘗說《消搖》，遺文隱沒。近世憨山大師亦嘗遠紹魏晉，以西來之風演《南華》之旨，就彼正覺，達其淨觀，思過半矣。顧三藏妙諦，條理可知，內篇宏義，恍惚難睹。加其正言若反，不主故常，見仁見智，固無方體，嗜玄者以繳繞適意，尚文者以華妙會心，徒有名言，都無實義。斯猶醯雞在覆，無由知天地之大全也。太炎居士以明夷演《易》之會，撰《齊物論釋》，成書七章，章比句櫛，腮理秩然，以為齊物者，一往平等之談，然非博愛、大同所能比傅。名相雙遣，則分別自除，淨染都忘，故一真不立，任其不齊，齊之至也。若夫釋老互明，其術舊矣。振條目於擾攘之中，故矯亂者無

〔註7〕章太炎：《齊物論釋》，見《章太炎全集》第 6 卷，上海：上海人民出版社，1986年，4 頁。

〔註8〕章太炎：《菿漢微言》（一），見《章氏叢書》（下），臺北：世界書局，1982 年，961 頁。

〔註9〕章太炎：《自述學術次第》，見《菿漢三言》，上海：上海書店出版社，2011 年，191 頁。

〔註10〕梁啟超：《清代學術概論》，上海：上海世紀出版集團，2005 年，80 頁。

所託；存神理於視聽之內，故秘怪者無所容，亦兼採摭名法，溯回孔李，校其異同，定其廣陋，可謂上涉聖涯，下宣民物，探賾而不可惡，索隱而不可亂者也。近人或言，自《世說》出，人心為一變；自《華嚴》出，人心又為一變。今太炎之書現世，將為二千年來儒墨九流，破封執之局，引未來之的，新震旦眾生知見，必有一變以至道者。付之雕鏤，庶有益於方來。〔註11〕

　　章太炎的《齊物論釋》意在會通佛教之「平等」道家之「齊物」觀念，並試圖接引甚至揚棄和超越西方的社會平等觀念。《齊物論釋》開篇謂：「齊其不齊，下士之鄙執；不齊而齊，上哲之玄談。」〔註12〕「齊其不齊」是說意圖通過人力去改變客觀世界，強行使之變得「平等」，太炎覺得這只是一種不學的妄想，因為若不能提高人的思想境界，「平均主義」總是最終要敗給人性之私。因此，只能通過「不齊而齊」，也就是改變主觀世界，以臻「以道觀之」的「物無貴賤」之境，來實現最為理想的「平等」。宗仰上人《後序》中所謂：「以為齊物者，一往平等之談，然非博愛、大同所能比傅。名相雙遣，則分別自除，淨染都忘，故一真不立，任其不齊，齊之至也。」即紹介太炎此旨，並認為太炎其作「上涉聖涯，下宣民物」，於端正世道人心之功，價值不在《世說新語》與《華嚴》之下，或稍溢美，亦可見上人於章學之推重。

二、勸太炎留南

　　清季民主革命時期，孫文為「同盟會」魁首，章太炎則為「光復會」領袖，二公早年交好，但後來為人論政多有不合，漸生罅隙。太炎向反感於政黨政治中的領袖崇拜與專制習氣，而孫文其人則一向頗多家長制作風，與太炎思想相互牴牾，二人漸行漸遠。1911 年辛亥革命成功，1912 年元月，孫文於南京就任臨時大總統，太炎與孫文、黃興在定都一事上又發生爭執，據太炎《自定年譜》回憶：

　　　　二月，清主退位。袁世凱被選為臨時大總統，南政府將解，孫、黃以袁氏難制，欲令遷都江寧以困之。余謂：「江寧僻左，不足控制外藩。清命雖黜，其遺蘖尚在，北軍未必無思舊主者；重以蒙古、

〔註11〕宗仰：《〈齊物論釋〉後序》，見《宗仰上人集》，武漢：華中師範大學出版社，2011 年，33 頁。

〔註12〕章太炎：《齊物論釋》，見《章太炎全集》第 6 卷，上海：上海人民出版社，1986 年，4 頁。

東三省之援，死灰將復熾，賴袁氏鎮制使不起耳。一日南遷，則復
辟之禍作矣。」克強聞之，憤甚，與余辯難。且遺使者三人入宛平
迎袁公南下，袁公亦誘致兵變以劫之，卒不能成言。夫假人威力以
翦建夷，名實歸之；而又欲以小慧牽制，所謂既不能令又不受命者
矣。斯孫、黃所以敗也。然克強辨義利，有常識，愛軍吏，愈於孫
公。袁公就職，余復被任為高等顧問。四月，入都。〔註13〕

因太炎與南方黨人論政多有不合，且恐陷入政治陰謀中（彼時光復會另一領袖
陶成章已被受陳其美指使的蔣介石、王竹卿暗殺）。遂決心寄望於袁世凱政
府，應邀北上赴京，接受「總統府高等顧問」之職的任命，後又出京赴吉林任
「東三省籌邊使」。——章氏於 5 月初（農曆四月）赴京之前，革命黨人中之
故舊恐其被袁氏所利用，多有致信挽留勸阻者，宗仰上人亦有書以致之。

宗仰此信發表於 1912 年 5 月之《大共和日報》中，信中對民族國家之前
途，頗感憂慮，認為致富強之道，唯有學習歐西，以學術為立國之本，尤以哲
學、教育為最要，其謂：

當考歐西強盛之由，曰學曰政，其兩大綱也。然自西曆紀元以前
之四五百年，則惟有學而已。哲學也，教育學也，皆發源於希臘，流
衍於撒克遜、條頓諸族，其為兩學派開幕之祖者，有若蘇格拉底、柏
拉圖諸公，……講求殖民理財之政術者，大都起自十七世紀以後。由
此以觀，政術固為立國要圖，而學術尤為孕毓政術之元素，淵源如
是，其跡可尋。今民國成立，庶政待修，新舊人才，異趨同軌，蓋雖
政策不減之為患，而猶非行政無人之為患，既非行政無人之為患，斯
乃無學以支配行政權，為大可患耳。無政不足以成國，無學愈不足以
存國。挾私見，忘公理，坐無學故；爭權利，蔑義務，坐無學故；乃
至社會昏惰，民生困窮，靡不由無學以瞶覺而振起之故。〔註14〕

此頗可見宗仰不僅精通內典，於西方學術，亦如數家珍，其真知灼見，至
今觀之，尤為顛撲不破之正論。——因此，宗仰以太炎為一代文宗，自應肩荷
立道育人之使命，而不宜涉入政治漩渦中，其謂：

〔註13〕章太炎：《自定年譜》，見湯志鈞編：《章太炎年譜長編（增訂本）》（上冊），北
京：中華書局，214 頁。
〔註14〕宗仰：《致章太炎先生書》，見《宗仰上人集》，武漢：華中師範大學出版社，
2011 年，36 頁。

　　先生曩者載影東海，著書立說，翕合氣類，闡幽發微。泊乎去
年返駕滬瀆，組織黨會，先後十數年來，屏謝室家，清操壁立，堅
苦卓絕，一意孤行。又嘗精研內典，圓解出世法，期以學之一途，
融鑄大同主義，始終繳如也。明星泰斗，天下仰之，志行趣則蘊藉
深廣，或者知之寡而相諒之難也。不慧相從最久，承奉師友，風義
炳然，不敢謂能知先生，然先生猶龍，不慧固角逐而窺見鱗爪。竊
以為我國今日，如河汾教授之宗，雅典學派之脈，非先生無以樹綿
幕，而振鐸當世。使先生出其所學，為四海母校，不三四年，孳乳
寖多，將所謂大哲學家、大教育家，左右提挈之，養其雛形，培其
實力，以流轉成就彼政治、法律、經濟諸學之專門，而以之支配國
內，夫而後民國之政治確定，法律完全，經濟發達，豈非先生所樂
聞乎？若是則高居局外，指導寰中，一言一行，國人必景從之不遑，
奚有今日淺識之流，而得非難先生耶？先生生平所持之宗旨，所守
之天職，的然有此能力，未必以急於謀國，為愛國退而謀學為獨善
為厭世也。今先生北遊，寧非蓄意委曲，將審擇而處之也哉？此又
不慧謬以為能知先生，竊過慮他人之知者寡，而相諒之難也。北都
軟紅，夙號孽冶；黃海雖濁，尚較專制舊魔窟略可收吸空氣。輒因
懷想，不盡覼縷。知白雲在天，舒卷自如，示人以可仰，而終不示
人以可測也。雖然，不慧實謬謂能知先生，願先生察焉。〔註15〕

　宗仰上人將太炎譽為能與隋代的「河汾教授」文中子王通、古希臘雅典
學派領袖柏拉圖並稱的學術宗師，然太炎向有用世致用之心，非滿足於純然
儒宗之地位者，故決然北上。然久之亦察袁世凱之專制野心，至1914年，他
「以大勳章作扇墜，臨總統府之門，大詬袁世凱的包藏禍心」〔註16〕，因此被
袁世凱軟禁。如魯迅總結的，太炎平生「七被追捕，三入牢獄，而革命之志，
終不屈撓者，並世亦無第二人；這才是先哲的精神，後生的楷範。」〔註17〕—
—此亦可見學人之為政，難免處處受制於黑暗污濁之現狀，凡有真理想者，若

〔註15〕宗仰：《致章太炎先生書》，見《宗仰上人集》，武漢：華中師範大學出版社，
　　　　2011年，36～37頁。
〔註16〕魯迅：《關於太炎先生二三事》，見《魯迅全集》第六卷，北京：人民文學出版
　　　　社，2005年，566～567頁。
〔註17〕魯迅：《關於太炎先生二三事》，見《魯迅全集》第六卷，北京：人民文學出版
　　　　社，2005年，567頁。

不願同流合污，終將進退無路。「章有望於袁者，蓋在其能統一；章失望於袁者，蓋在其向專制。而自由共和，章之道也。其難抒懷暢快者，蓋在於世人之苟苟，非獨袁之禍心也。」〔註18〕宗仰上人之論，亦實可謂旁觀者清者也。

三、刊刻《頻伽藏》

　　《頻伽藏》全稱為《頻伽精舍校刊大藏經》，始刻於 1909 年，完成於 1913 年。發起人哈同的夫人羅迦陵，因其於「哈同花園」中建有「頻伽精舍」而得名，宗仰上人為刻經之主持者。《頻伽藏》以日本《弘教藏》為底本，內容略有變動，刪去部分日本著述，全藏入經 1916 部，8416 卷，分訂為 414 冊（包括目錄 1 冊），共計 40 函。宗仰於 1909 年曾撰有《〈頻伽精舍校刊大藏經〉緣起》，自述早年出家時，「便植願心，募鐫內典」，而「迨至近年，乘時演講，始獲頻伽精舍主人，一聞千悟，洞解本來，於是獨發宏心，成此巨德，積歲夙願，乃達蘄向，讚揚法界。」〔註19〕書成後的 1913 年，宗仰又撰《自序》，談及其發願以佛道救世之本懷，謂：「今日象教淪替，時勢阽危，人心之道德日頹，天演之競爭力薄。窮源溯本，未始非佛義湮鬱，哲學衰微，故致群生惘惘，辟佞兩乖，而社會上之顛眣邪見，遂舉一切迷信，納諸宗風，重誣我佛，可勝慨哉！」故刻經之功德，「正如昏衢昭日，苦海濟航，為救時切要之具。」〔註20〕書成後章太炎亦欣然為之作序，以表其功，謂：「金山宗仰上人，向以禪定蟄居退間，愍今之沙門喜離文字而談實相，末流猥雜，不自墮於啞羊，則恣意為矯亂論。弟子頻伽舍主，承其師意，發憤庀工，重摹是本，經始弗亟，彈指而成。雖處末法之中，而群情歸摹如此，知正信之未衰也。」〔註21〕章氏序中，亦闡發了自己的佛學理念謂：

　　　　夫「佛陀」者，譯言覺；「般若」者，譯言知；「瑜伽」者，譯言相應，本所以趣道者，為斷爾炎而證真如，豈真戁戁以為仁義哉？徒以大悲觀佛，斯已淺矣。所證者無境界可言，現身者無自依之性，故云心佛眾生三無差別，亦云佛常在心中說法，明以此方老聃之言，

〔註18〕吾兄轟長順教授語。
〔註19〕宗仰：《〈頻伽精舍校刊大藏經〉緣起》，見《宗仰上人集》，武漢：華中師範大學出版社，2011 年，24 頁。
〔註20〕宗仰：《〈頻伽精舍校刊大藏經〉自序》，見《宗仰上人集》，武漢：華中師範大學出版社，2011 年，50 頁。
〔註21〕章太炎：《〈頻伽精舍校刊大藏經〉序》，見《宗仰上人集》，武漢：華中師範大學出版社，2011 年，51 頁。

則衣養萬物而不為主，夫何有宗教之封執者乎？明其無主，故小乘大乘孰為佛說，可以無諍也。明其求證，故六趣升沉之談，苦樂酬業之事，可以勿語也。〔註22〕

太炎以佛法非西人所言之「宗教」，而實為趣證真如之智信，明「心佛眾生三無差別」之理，則非特大小乘之諍可息，諸如民間佛教信仰中「六趣升沉之談，苦樂酬業之事」的神秘主義成分，亦可掩口不談。——今世學人，有鼓吹佛教之「天神化」信仰者，觀太炎先生之論，寧不愧乎！

四、資助內學院

1919 年前後，太炎之友歐陽竟無先生開始規劃籌辦支那內學院，然資金匱乏，一時難以籌措，太炎以此事告以宗仰上人，宗仰熱心法事，積極奔走，得有善友應允資助銀元三千（疑或即哈同夫婦），故宗仰回函太炎曰：

太炎居士丈室：

（前略）內學院規模博大，費巨財紐，一時難期成辦。來示謂若能籌得三千金，即可開辦講習所。茲有善友堪以擔任此款。惟不知如何組織？曾否訂有章程？尚希確詢竟無先生，惠示詳細辦法，以便轉復前途為感。（後略）

宗仰拜手上白，八年陰曆七月四日〔註23〕

太炎得函後，隨即轉告歐陽竟無謂：

竟無先生左右：

（前略）前數日，金山江天寺首座宗仰禪師來告，以亟開中學籌款三千，有無著手之處。近得仰師來函云，有善友堪以擔任。惟開辦法如何，曾否訂有章程等語。弟意原章規模甚大，非此所施。今既以三千辦中學，宜別作簡章示之。原書附上，簡章如能速定，即逕函仰師可也。

此問

禪悅！

章炳麟和南，八年陰曆七月六日〔註24〕

〔註22〕 章太炎：《〈頻伽精舍校刊大藏經〉序》，見《宗仰上人集》，武漢：華中師範大學出版社，2011 年，51～52 頁。

〔註23〕 《釋宗仰致章炳麟函》，見《海潮音》1920 年 1 期。

〔註24〕 《章炳麟致歐陽竟無函》，見《海潮音》1920 年 1 期。

遵太炎囑，竟無先生擬定中學章程，徑致函於宗仰謂：

> 宗仰大法師淨鑒：
>
> 　頃接章太炎先生函，內附法師致彼之書，述支那內學院開辦中
> 學，已有善友擔任三千金，如何辦法，須得簡章，轉復前途云云。
> 支那沙門，有學有力而熱心者，法師第一，能無欽感？（中略）囑
> 另草中學簡章，徑寄法師，望即鑒核。
>
> 　敬請
>
> 　禪安！〔註25〕

　　三人往來函稿，經節錄刊於翌年《海潮音》第一期，由此觀之，此事之後續當已順利落實。兩年後，支那內學院1922年正式成立於南京，宗旨為「闡揚佛學，育材利世」，為中國培養了一大批佛學巨匠，洵為近現代首屈一指的佛學重鎮，宗仰上人亦與有肇基之功焉。

五、餘論

　　宗仰上人圓寂於1921年，後章太炎為之撰寫《棲霞寺印楞禪師塔銘》，述上人平生德業，並憶及二公交遊始末。佛教高僧與國學泰斗同時參與民主革命，並互為平生知己，貫於始終，洵為百年史林之佳話。宗仰上人平生擅詩文，其贈詩於太炎者尚有多篇，均收入其文集。值得一提的是，《章太炎書信集》中收有其致宗仰信函16通，內容多涉佛學問題，兼及古物收藏乃至日常瑣事〔註26〕，但迄今未見與此16通書函對應的宗仰上人之來信，倘能尋獲，必當有重要的學術與史料價值。

〔註25〕《歐陽竟無致釋宗仰函》，見《海潮音》1920年1期。
〔註26〕馬勇編：《章太炎書信集》，石家莊：河北人民出版社，2003年，86～98頁。

虛雲和尚生年與事蹟辨疑

　　虛雲和尚是近現代著名禪僧，號稱「一身而兼五宗法脈」，其平生又多與政要名流往來，門人弟子眾多，被後人尊為泰斗。1952 年後，其門人岑學呂（1882～1963）協助虛雲編撰《虛雲和尚年譜》，多次再版修訂增補，迄 1961 年定稿，「虛雲和尚年譜之編輯，凡分三期，一期成於癸巳（一九五三年），二期成於丁酉（一九五七年），三期編於己亥（一九五九年）師示寂之後，自茲篇編竣，年譜全部暫告完成。」〔註 1〕由於《年譜》中虛雲自稱生於 1840 年，迄 1959 年逝世，享有驚人的壽命竟達一百二十歲，兼之其自述平生履歷，「歷五朝四帝，受九磨十難」，極具傳奇色彩，甚至不乏神異事件，其可信性難免有疑問。早在 1956 年 7 月，胡適已經注意到《年譜》初版中虛雲自稱其父曾任福建泉州、漳州、福寧等地知府的說法不可靠，他查閱了《漳州府志》和《福寧府志》，發現所錄道光年間的知府並未有姓蕭名玉堂（虛雲父）者。〔註 2〕後又進一步懷疑虛雲年齡也是造假的，1959 年 11 月 29 日，胡適在臺灣大學法學院演講《科學精神與科學方法》的題目時，具體談到：

　　　　前些時候，報上登了大陸死了一個很有名的佛教大和尚，他死的時候，一百二十多歲。一個人活了一百二十歲，並不是絕對不可能的事，但這個和尚生前有一本年譜，詳細記載了他一生的事蹟。年譜裏他俗姓蕭，他的父親名叫玉堂，做過福建三府的知府。這位

〔註 1〕岑學呂：《虛雲法師年譜》，北京：宗教文化出版社，1995 年，第 1 頁。——此書係 1961 年版《虛雲和尚年譜》的重排本。

〔註 2〕參見陳進國：《胡適與〈虛雲和尚年譜〉的一段公案——以〈闢胡說集〉為討論中心》，見《隔岸觀火：泛臺海區域的信仰生活》，廈門：廈門大學出版社，2009 年，399 頁。

大和尚出生時，他父親正做某一府的知府，他就生在知府衙門裏。
他三歲時，父親調某府知府；他五六歲時，父親又調某府知府。這
些話是很容易考據的。在他所說的這三府的府志，曾查了兩府。這
兩府志對那大和尚所說的他父親在任的年代都有明白的記載，但知
府的姓名中並沒有姓蕭名玉堂的。因此，我就不敢相信這大和尚真
是活了一百二十多歲了。〔註3〕

　　胡適的這一說法，隨後遭到了佛教界人士的頗多攻訐（「緬華佛教僧伽
會」於 1960 年 7 月結集發行了一本《闢胡說集》〔註4〕），《年譜》編者岑學
呂亦起而抗辯，不過，胡適對於這一問題似乎並無太多興趣，他在 1960 年 12
月 2 日「又作《三勘虛雲和尚年譜》，從《福建通志》（同治七年刻）、《永春縣
志》（民國十六年修）、《漳州府志》（光緒三年修）中，再考證初版有關蕭任知
州及知府之記載都是假的，三版的『佐治』及『二守』之說都是假的，初版和
三版的『予誕生於泉州府署』之說亦是假的」之後，「就未見胡適在報刊雜誌
上有針對虛雲老和尚之『胡說』了，他甚至私下表示對繼續爭辯的不屑」〔註
5〕。於是虛雲和尚年齡問題的疑問，以及平生種種事蹟的真實性問題，在很長
時間內成為了一樁懸案。筆者因長時間致力於研究中國近現代佛教，對此問
題偶有關注，茲錄相關考辨三則。

一、虛雲出生於約 1873 年

　　在 1960 年時，已有批評者質疑胡適對虛雲年齡的懷疑理由不足，在方法
上也並不嚴密，如《闢胡說集》中收錄的陳三井的說法：

　　　　由《虛雲和尚年譜》的無蕭玉堂其人，進而懷疑虛雲和尚的年
齡，這大概就是用的所謂「先驗之證」的簡單釋義。這種方法就等
於對一個說過謊話的人，便永遠不信任他一樣。以偏概全，以部分
決定全體，而將其他一律抹殺，這是治學很危險的一件事；有一分
證據，應該說一分話，超過證據所供給的範圍，此乃史學上之大

〔註3〕見胡頌平編著：《胡適之先生年譜長編初稿》第 8 冊，臺北：聯經出版事業公
司，1984 年，3078～3079 頁。

〔註4〕《闢胡說集》中廣泛收集了臺港及海外各報刊雜誌中有關質疑、批評胡適 1959
年 11 月 29 日演講的文章。

〔註5〕陳進國：《胡適與〈虛雲和尚年譜〉的一段公案——以〈闢胡說集〉為討論中
心》，見《隔岸觀火：泛臺海區域的信仰生活》，廈門：廈門大學出版社，2009
年，403～404 頁。

忌。……只能說胡博士的說法只對了一半，後面的一半，我們希望
胡博士拿出更充分的證據來。〔註6〕

　　單就方法的檢討而言，這一說法應該算是公允的，畢竟胡適並沒有拿出虛
雲年齡造假的任何直接證據。——問題的解決，需要有新材料的發現，直至半
個世紀後的 2008 年，臺灣學者王見川才取得了決定性的突破，他廣泛搜集早
期史料，利用《增校鼓山列祖聯芳集》、《星燈集》以及《名山遊訪記》、《佛學
叢報》等文獻，考證出虛雲大約生於同治中末期，活了九十歲左右，並指出
《虛雲年譜》、《虛雲法彙》中有誇大、虛構、篡改等錯誤。王氏所撰成的《還
「虛雲」一個本來面目：他的年紀與事蹟新論》一文，刊於臺灣《圓光佛學學
報》總 13 期。

　　王見川於文中搜集臚列虛雲年齡的不同說法共七則：

　　　　1. ……和尚字德清，號虛雲……現年五十有一，身材偉大……
（民國十三年《雲南雞足山祝聖寺虛雲和尚略傳》）

　　　　2. ……虛公名古岩，字德清，後改號虛雲……以七十老翁，住
持未滿三年，成效如此……（民國二十一年《鼓山虛公禪行述聞》）

　　　　3. ……云自念年將古稀，一龕待死久矣……（民國十八年《雲
南西山靖國雲棲禪寺募捐啟》）

　　　　4. ……余弱冠宗茲山，圓具以後，行腳四方。山中之事，不知
經幾許滄桑，行年七十餘，始策杖還山，謬主山席……（民國二十
四年《增校鼓山列祖聯芳集序》）

　　　　5. ……予忝長大師（太虛）春秋四十有二……（民國三十六年
虛雲《太虛大師奠章》）

　　　　6.（民國三十七年）……十一月……廿一日，晤虛雲法師，年已
百二歲，神明不衰，如五六十許人，口操湘鄉音，人極謙退……（楊
樹達《積微翁回憶錄》）

　　　　7. ……不慧繼席又經七年，愧無大建白，而波折之經屢矣。行
年八十，還鄉日短，甚望來嗣之轉法輪者，展此一編……（民國二
十四年《增校鼓山列祖聯芳集》虛雲按語）〔註7〕

〔註6〕樂觀編：《闢胡說集》，仰光：緬華佛教僧伽會，1960 年，35 頁。
〔註7〕王見川：《還「虛雲」一個本來面目：他的年紀與事蹟新論》，見《圓光佛學學
　　　報》2008 年總 13 期。

經過計算，王氏指出：「根據第一則資料，虛雲生於同治十二年（CE. 1873），迄民國四十八年去世，僅活了八十六年。若照第二則記載，則虛雲生於咸豐十年（CE. 1860），享壽九十九歲。至於楊樹達的記載，反映虛雲誕生於道光二十六年（CE. 1846），得年一百十三歲。」——不過，這一算法也許存在錯誤，因為昔人所述年齡慣常按華曆，大多為「虛歲」，這樣逆推生年時應該先至少減去一年換算為周歲，也就是分別為 1874 年、1861 年、1847 年才對。

如何抉擇甄別這些不同說法的真假，王氏另闢蹊徑，他注意到，1935 年虛雲在鼓山時，編有《增校鼓山列祖聯芳集》，《聯芳集》所附虛雲傳說他「年十九潛至鼓山，依建津開平寺常開老人披剃，圓具本山妙蓮和尚。」因此，若能考證出他師父妙蓮的年齡情況，虛雲的年齡問題也就基本得到解決了。——經查證妙蓮和尚的相關史料，可知妙蓮於「光緒丁未年（三十三年，CE. 1907）七月十二日去世，世壽六十三，戒臘二十九。」由此可見，妙蓮當於 1879 年前後正式受戒。

因此，如果按《虛雲和尚年譜》的說法，虛雲在同治十三年（1874）出家，彼時連乃師都還未受戒，自然是絕不可能之事。——王見川進一步考證：

> 至於妙蓮，……光緒九年或十年任湧泉寺住持，是近代鼓山湧泉寺著名的法師。按佛教慣習，一般來說，以某法師為戒師，是指此師在所開的傳戒會任傳戒大法師，通常是舉辦戒會寺院的住持或退休住持任傳戒大法師。從目前掌握的鼓山湧泉寺同戒錄來看，湧泉寺在光緒十～二十年間的傳戒記錄是這樣：
>
> 光緒甲申（十年，CE. 1884）　傳戒大法師奇量
>
> 光緒十一年　傳戒大法師　妙蓮
>
> 光緒十三年　傳戒大法師　妙蓮
>
> 光緒十三年　傳戒大法師　奇量
>
> 光緒十七年　傳戒大法師　妙蓮
>
> 光緒十九年　傳戒大法師　妙蓮
>
> 將此對照虛雲師公受戒時間，可知，虛雲由妙蓮圓具（傳戒）應是在光緒十二年（引者按：此為筆誤，當為光緒十一年）之後至光緒十九年間。〔註8〕

〔註 8〕王見川：《還「虛雲」一個本來面目：他的年紀與事蹟新論》，見《圓光佛學學報》2008 年總 13 期。

這樣，可以基本確定虛雲應在 1885 年至 1893 年之間出家，時年十九歲，也就是說，其出生年份當在 1867 年和 1875 年之間。所以王見川推測他「大約生於同治中末期，活了九十歲左右」。

2014 年，意大利學者田水晶（Daniela Campo）在《漢語佛學評論》（第四輯）上發表其《虛雲禪師（約 1864～1959）與其高齡神話的建構》一文，文中利用的史料與王見川文大同小異，但最後得出的結論則是採信了陳銘樞（1889～1965）發表於 1930 年《海潮音》中的《雲南西山靖國雲棲禪寺募捐啟》一文中的說法：虛云「今年既六十有六，猶自加行精進，未嘗稍衰」，他認為：

> 根據陳銘樞 1930 年所發表的文章，虛雲 1930 年時已有六十六歲根據西方計算年齡法為六十五歲，即他出生於 1865 年；如果此文是於 1929 年撰寫的，與虛雲發表募捐啟同一年，那麼虛雲的出生年份應當是 1864 年。〔註 9〕

田水晶之所以確信此說，是因為覺得其與 1930 年代前後虛雲的其他自述基本吻合，陳銘樞又與虛雲有「真誠友誼」云云。

但是，這樣如何解決更早的 1924 年葉青眼所撰《雲南雞足山祝聖寺虛雲和尚略傳》中所說虛云「現年五十有一，身材偉大」的問題呢？田水晶給出的理由是當為「六十有一」的「差錯或誤排」。〔註 10〕——這一推測顯然不乏武斷，而且若假定虛雲生於 1864 年，也與王見川考證出的其應在 1885 年至 1893 年之間出家受戒的時間段不符。

在田水晶看來，1924 年時虛云「現年五十有一」之說或為孤證，因此可以簡單排除。事實則並非如此，筆者發現，另外有一條很重要的材料，王見川與田水晶可能都沒有看到過。

1997 年出版的《湘潭市志‧人物傳》中的《釋虛雲》一篇，作者周奮將虛雲的生年定為 1871 年，給出的理由是：

> 虛雲生年有多說，隨著時間的推移，他將出生年不斷提前，自稱同治十年、同治三年、咸豐二年、道光二十六年、道光二十年、

〔註 9〕　【意】田水晶：《虛雲禪師（約 1864～1959）與其高齡神話的建構》，見《漢語佛學評論》（第四輯），上海：上海古籍出版社，2014 年，281 頁。
〔註 10〕　【意】田水晶：《虛雲禪師（約 1864～1959）與其高齡神話的建構》，見《漢語佛學評論》（第四輯），上海：上海古籍出版社，2014 年，281 頁。

道光二年等。其舅父於解放後應廣東韶關文化館調查，言其生於同
治十年（1871），本文依此說。〔註11〕

這是依據的虛雲親屬的第一手口述材料，與虛雲生於1874年的說法非常
接近，可以相互支撐。

按中國人傳統敘述年齡的方式，與後來才慢慢普及的「周歲」之說比，往
往會有1～2歲的誤差，兼之歷時久遠，虛雲舅父的說法存在較少的年份誤記
也是有可能的，因此，進一步確定虛雲出生的精確年份，仍要回到其受戒時間
的線索上進行印證。

如果假定虛雲出生在1871～1874年之間，根據他「年十九披剃」的說法
（這一說法沒有理由也沒有必要進行造假，應該基本可信），那麼他受戒時當
在1889～1892年之間，即清光緒十五年至十八年。——這樣，對應王見川查
證的虛雲其師妙蓮在這幾年前後傳戒的年份，分別為光緒十一年、十三年、十
七年、十九年四次，其中只有光緒十七年的傳戒符合這個時間範圍。

通過以上計算，我們得出虛雲應在光緒十七年（1891）受戒的結論，竟然
也存在佐證！《湘潭市志・人物傳》中的《釋虛雲》篇中明確說：

清光緒十七年（1891），他突然離家，至福州鼓山湧泉寺剃度，
禮妙蓮和尚為師。〔註12〕

通過《湘潭市志・釋虛雲》中的敘述，我們有理由認為，作者周奮為撰寫
此篇，可能利用了為地方政府「修志」的方便條件，查閱到一些不大容易見到
的內部檔案材料，周氏之調查結果，與王見川所提供的相關文獻的線索竟基本
合榫，「二重證據」相互印證，可作定讞！

因此，我們的結論是：虛雲於1891年出家受戒，時年十九（18周歲），
上推出生年則為約1873年（清同治十二年），至1959年去世，壽八十七歲。

二、世傳孫中山論佛教語系虛雲改編

1943年，應當時的國府主席林森之邀，虛雲至重慶慈雲寺主持「護國息
災法會」，期間蔣介石蒞會拈香，與虛雲有所接談，並向虛雲問及「宇宙生命
緣起」之事，後虛雲撰《答蔣公問法書》以答之，信中末尾謂「孫中山先生嘗

〔註11〕周奮：《釋虛雲》，見《湘潭市志》第十冊，北京：中國文史出版社，1997年，
　　　　84頁。
〔註12〕周奮：《釋虛雲》，見《湘潭市志》第十冊，北京：中國文史出版社，1997年，
　　　　83頁。

曰：『佛教乃救世之仁，佛學是哲學之母；宗教是造成民族，和維持民族一種雄大之自然力；人民不可無宗教之思想。研究佛學，可補科學之偏！』」〔註13〕此語經後世宗教界人士反覆引述，社會流傳極廣（不僅常見於各類文章中，若維基百科、百度百科的「孫中山」條目皆有述及），但一概未標明出處。筆者曾核查兩岸出版的《孫中山全集》，皆未見此語原文。

查太虛（1890～1947）在1929年所撰《什麼是佛學》，或應是盧雲所述之來源，文謂：「首創國民黨的孫中山先生，昔在廣西軍中講演智仁勇三德時，嘗言『佛教是救世之仁』；又於《民族主義》中，亦謂佛學『可以補科學之偏』。」〔註14〕

按，太虛所說孫中山的「在廣西軍中演講」，應即其《在桂林對滇贛粵軍的演說》（一九二一年十二月十日）演講稿，文中謂：

> 仁之種類，有救世、救人、救國三者，其性質則皆為博愛。何謂救世？即宗教家之仁──如佛教、如耶穌教，皆以犧牲為主義，救濟眾生。當佛教初來中國時，闢佛教者頗多，而佛教教徒，乃能始終堅持，以宣傳其主義，佔有強大勢力；耶教亦然，不獨前在中國傳教者，教堂被毀，教士被害時有所聞，即在外國，新教亦迭遭反對，然其信徒，則皆置而不顧，仍復毅然為之，到處宣傳，不稍退縮。蓋其心以為感化眾人，乃其本職，因此而死，乃至光榮。此所謂捨身以救世，宗教家之仁也。〔註15〕

孫中山此處所言，以我國歷史上之佛教、基督教中虔信教徒之弘法傳教熱忱為例，來說明「宗教家之仁」為「救世之仁」，所指者為一切具有堅定理想的宗教人士，顯非特指佛教。

太虛所引孫中山謂「佛學『可以補科學之偏』」之語，則見於孫中山於1924年在廣州題為《三民主義》演講的第四講中，這一講的主題與「民族主義」相關，文謂：

> 歐洲之所以駕乎我們中國之上的，不是政治哲學，完全是物質文明。因為他們近來的物質文明很發達，所以關於人生日用的衣食住行種種設備，便非常便利，非常迅速；關於海陸軍的種種武器彈

〔註13〕盧云：《盧雲和尚全集》（第1冊），鄭州：中州古籍出版社，2009年，187頁。
〔註14〕太虛：《太虛文選》（上），上海：上海古籍出版社，2007年，3頁。
〔註15〕孫中山：《孫中山全集》（第六卷），北京：中華書局，2006年，22～23頁。

藥便非常完全，非常猛烈。所有這些新設備和新武器，都是由於科
學昌明而來的。那種科學就是十七八世紀以後培根、紐頓那些大學
問家，所主張用觀察和實驗研究萬事萬物的學問。所以說到歐洲的
科學發達、物質文明的進步，不過是近來二百多年的事。在數百年
以前，歐洲還是不及中國。我們現在要學歐洲，是要學中國沒有的
東西。中國沒有的東西是科學，不是政治哲學。至於講到政治哲學
的真諦，歐洲人還要求之於中國。諸君都知道世界上學問最好的是
德國，但是現在德國研究學問的人，還要研究中國的哲學，甚至於
研究印度的佛理，去補救他們科學之偏。〔註16〕

此處孫中山所說，則是認為我國雖有必要學習西方科學，但也要同時注意
到西方科學文化的弊端。——20世紀20年代初，梁啟超遊歐歸國，撰《歐遊
心影錄》，他感於一戰以來作為當時大多國人心目中的文明典範的歐洲諸國百
孔千瘡，由現象而質疑文化，謂「科學愈昌，工廠愈多社會偏枯亦愈甚，富者
益富，貧者益貧。」〔註17〕認為應以東方文化糾其偏失，甚至呼籲中國青年
「立正，開步走！大海對岸那邊有好幾萬萬人，愁著物質文明破產，哀哀欲絕
的喊救命，等著你來超拔他哩，我們在天的祖宗三大聖和許多前輩，眼巴巴盼
望你完成他的事業，正在拿他的精神來加佑你哩。」〔註18〕梁啟超之說在當時
社會影響極大，加之此時正值柏格森（Henri Bergson，1859～1941）傾向東方
思想之「生命哲學」於中國日益風靡，導致許多人心中產生了西人正在努力學
習儒家、佛教等東方文化，以救「科學之偏」的印象（姑不論這種印象正確與
否）。此或即孫中山所言之語境。——從孫中山之文意看，此處主要在談西方
的「科學之偏」，至於說「研究中國的哲學，甚至於研究印度的佛理」，應只是
客觀陳述他所瞭解到的這方面情況。太虛將此語改為「佛學可以補科學之偏」
後，語意大變。

要之，後世所盛傳的孫中山讚歎佛教之語，首先由太虛徵引兩處孫中山之
原文，雖或有斷章取義之嫌，畢竟尚有所本。後則由虛雲在此基礎上添枝加葉，
大加引申。由於虛雲敘述此語，出自其致蔣介石之信函中，故後世鮮有疑者。
孫中山早年曾自述其思想傾向謂：「文早歲志窺遠大，性慕新奇。故所學多博雜

〔註16〕孫中山：《孫中山全集》（第九卷），北京：中華書局，2006年，230～231頁。
〔註17〕梁啟超：《飲冰室合集‧專集二十三》，北京：中華書局，2008年，7頁。
〔註18〕梁啟超：《飲冰室合集‧專集二十三》，北京：中華書局，2008年，38頁。

不純。於中學則獨好三代兩漢之文，於西學則雅癖達文之道（darwinism），而格致政事亦常瀏覽。至於教則崇耶穌，於人則仰中華之湯武暨美國華盛頓焉。」〔註19〕平生向未言及受到過佛教的重要影響。

三、虛云「辭世偈」本係贈李濟深詩

岑學呂編撰的《虛雲和尚年譜》（1961年版）載有虛雲辭世後所留偈頌三首，末一首曰：

> 吁嗟我衰老，空具報恩心。宿債無時了，智淺業識深。
> 愧無成一事，守拙在雲居。誦子喫飾句，深愧對世尊。
> 靈山會未散，護法仗群公。是韋天再世，振毗耶真風。
> 自他一體現，咸仰金粟尊。中流作砥柱，蒼生賴片言。
> 末法眾生苦，向道有幾人。我負虛名累，子應覺迷津。
> 佛國時欣慕，香光似近趨。謹留幾句偈，聊以表區區。〔註20〕

通讀此「偈」，會發現疑問不少：首先，從「是韋天再世，振毗耶真風。自他一體現，咸仰金粟尊。中流作砥柱，蒼生賴片言」這幾句看，不像是對許多人（所謂「群公」）所言者，似應是專指某一個社會地位頗高的佛教大居士。因為偈中取典之「金粟尊」，即《維摩詰經》中的維摩詰居士，其人廣有財富，妻妾成群，而又修為高深，辯才無礙，故後世佛教界多以其名代稱達官顯貴中的佛教在家信徒。另外，「誦子喫飾句」中的「喫飾」二字於義不通。

淨慧主編的《虛雲和尚年譜（增訂版）》中影印了1959年虛雲弟子紹雲法師的抄錄原件〔註21〕，是難得的史料，仔細核對後發現其文與岑學呂的《年譜》整理稿有不少出入，首先注意兩點：「護法仗群公」句原稿作「護法仗我公」，既然是對「我公」而言，顯然應是給某個身居高位者的贈詩；「子應覺迷津」句原稿作「羨子覺迷津」，原稿是恭維讚揚某人的口吻，卻被改成了諄諄告誡眾人的口吻。

尤為重要的一個改動是：「守拙在雲居」，抄錄件本係「守拙在雲門」，這一破綻十分關鍵，因為，虛雲於1943～1951年常住廣東雲門寺，其住江西雲

〔註19〕孫中山：《復翟理斯函（一八九六年十一月）》，見《孫中山全集》（第一卷），北京：中華書局，2006年，48頁。

〔註20〕岑學呂：《虛雲法師年譜》，北京：宗教文化出版社，1995年，293頁。

〔註21〕淨慧主編：《虛雲和尚年譜（增訂版）》，鄭州：中州古籍出版社，2012年，395頁。

居山是 1953 年以後的事情，這說明，這首「辭世偈」應該並非是「辭世」時候所寫，而是虛雲在雲門寺時的作品。最大的可能性是，此詩在虛雲逝世後被弟子找出，並被《年譜》編者岑學呂改動了若干處，而以「辭世偈」之名問世。〔註22〕

接下來要解決的問題是，這首「偈頌」究竟是寫給誰的？

從內容本身看，首先可以確定是寫給一位社會地位很高的人（稱對方為「我公」云云）；另外，結合虛雲在雲門寺期間的遭遇分析，我們認為，這應該是寄給著名佛教居士、時任人民政府副主席的李濟深（1885～1959）的詩句。

1951 年 2 月，其時為全國「鎮反」運動開始，有湖南不法分子混入雲門寺，後經湖南省公安局追查，將之緝拿歸案。因此，包括虛雲在內的雲門寺僧侶遭到當地有關部門的懷疑，駐派軍警進行調查。——這次「雲門事件」內情究竟如何，佛教內部人士大多認為虛云是無辜受害者，但也有人指出，當時虛云「對雲門寺、南華寺所在地區的民主改革，暗加抵制」〔註23〕云云，至今未有確定的說法。——虛雲因為在當時成了被懷疑的對象，一度情況危急。作為虛雲在家弟子的李濟深，得到消息後，利用其影響力，對虛雲頗有幫助和關照，據虛雲弟子佛源回憶：

> 我先於二月十九，燃指供佛，數日後稟明老人，毅赴北京。然禪堂內關押甚嚴，一夜佯稱解便，入廁時翻牆循後山而遁。先到武漢見陳銘樞，陳說，這是農民運動，誰也不敢阻攔，要我立即上北京見老人弟子李濟深。李濟深乃民革主席，與劉少奇、宋慶齡、張瀾同為建國時中央政府副主席。到北京後，李濟深對我很客氣，我將雲門和老和尚的事一一向他彙報，他立即去找周總理。周總理得知情況後，也立即與身在廣東任上的葉劍英通了電話，要葉劍英立即採取行動，保護老和尚的安危，並派人護送到北京。李濟深回到家裏，要我火速回雲門，請告老和尚立即離開雲門寺，因為雲門寺在農村，下面政策水平差，不離開恐怕出事。次日，我乘火車南下，到了韶關不敢回雲門，怕人知我到了北京報信，回去必受報復。故

〔註22〕岑學呂在《年譜》的編撰中常有改動增刪原文之事，參見王見川：《還「虛雲」一個本來面目：他的年紀與事蹟新論》，《圓光佛學學報》第 13 期，2008 年。

〔註23〕周疇：《釋虛雲》，見《湘潭市志》第十冊，北京：中國文史出版社，1997 年，84 頁。

　　託天性、提輝二師赴雲門，將李副主席的話一一轉告。〔註24〕

　　由此可見，李濟深的奔走努力，確實為虛雲脫困起到了決定性作用。事後
虛雲致信並寫詩表達感激之情，「謹留幾句偈，聊以表區區」，自在情理之中。
〔註25〕

　　吾友尤星輝居士分析，詩中「誦子喫飾句」的「喫飾」二字，疑應為「獎
飾」之誤寫，或李濟深先致信慰問虛雲，信中頗有讚頌之辭，此詩當為虛雲覆
信之作。──如此，印證全詩文句，顯已清楚了然。

───────────────

〔註24〕淨慧主編：《虛雲和尚年譜（增訂版）》，鄭州：中州古籍出版社，2012 年，303
　　　　頁。
〔註25〕吾友尤星輝居士諳熟禪門掌故，筆者向他言及對此「偈頌」的懷疑後，他當即
　　　　提出應係贈給李濟深的推測，經筆者進一步核查史料，確信此說合理。

「南懷瑾神話」之剖析

　　南懷瑾逝世已經好幾年了，但其作品至今仍然頗有熱度，眾說紛紜，留下了一個值得探討的話題。自 20 世紀 90 年代開始，他的書在中國大陸發行，正如有人所說的：「南著陸續在大陸出版後，很快便風靡了起來，其發行量之大令人大跌眼鏡。……中國讀書界的興趣，以 1989 至 1990 年為界出現了一個重大的拐點，那就是逐漸從『西學』向『國學』的轉向，這其中深刻的背景和影響這裡不便討論。當時許多年輕的學子渴望瞭解『國學』的 ABC，所以，以通俗為第一特徵的南著很快就大行其道起來，受到了社會的廣泛歡迎。但是，對南著的追捧，主要表現在對中國傳統思想文化無知或知之甚少的青年讀者這一層面上，而在那些正宗研究中國傳統思想文化的學者中卻少有附會者，許多人對其著作持不評價的態度，更有甚者還很不以為然。這就出現了所謂的『南懷瑾現象』」。〔註1〕這位作者道出了一個眾所周知的現象，也就是所謂「南粉」及張口閉口「南師」者，多為對傳統文化一知半解甚至完全無知者，而在學術研究領域，則大多數人對其不甚以為然。對於這種現象，有人說是因為「南懷瑾迎合了民粹的思想和庸眾懶惰不學的習氣」〔註2〕，或者語近尖刻，不過吾人讀史閱世，一時還真想不出什麼真有價值的東西，被外行一律叫好，而被內行全然否定的。——如果說「南懷瑾熱」的興起，是「從『西學』向『國學』的轉向」，恐怕未必全面，因為，那些年也正是神州大地盛行所謂「人體科學」、「特異功能」、「氣功大師」和「神醫」之流的歲月，林林總總的「大師」們層出不窮，

〔註 1〕徐洪興：《有關「南懷瑾現象」的往事與隨想》，見《中華讀書報》2013 年 10 月 5 日。
〔註 2〕徐晉如：《南懷瑾的錯謬「罄竹難書」》，見《羊城晚報》2013 年 4 月 21 日。

南懷瑾的作品也適逢其時，參與建構了一個使人幻想可以「用自己的手拔著頭髮，要離開地球」〔註3〕的「神話」，恐怕這才是其熱度不減的真實原因。分析南氏之作品中之言論與觀點，可以發現，「南懷瑾神話」的發生，既是其本人長期苦心經營的結果，也是多年來「國學江湖化」的一個典型現象。

一、通過自述或他人敘述來建構傳奇經歷

南懷瑾在其作品中，經常談起他平生與早已史有定評的近現代儒釋道諸領域的著名學人、乃至於各界名流的交往，並始終在暗示這些人對他青眼有加，甚至視為知己或忘年交，這些「段子」在他的書裏面可以說俯拾皆是，顯然是他多年來寫作的積習。不過瞭解近現代學林掌故者，自會感到這些事蹟不甚可信。以下試舉數例。

南懷瑾曾為 2009 年版的《虛雲和尚全集》撰寫了一篇序言，其中談到他隨乃師袁煥仙與近代著名佛教禪師虛雲（約 1873～1959）相見的情形，並談及一次偶然的路上相逢：

> 我雖隨煥師與虛老聚首三四日，但須隨時過江到重慶，處置俗事。山路崎嶇，輪渡擁擠，晝夜身心均介於佛法與俗務之間，頗有勞倦之感。一日傍晚，趕上輪渡過江，恰於船旁得一座位，即欲閉目養神，不意江岸華燈，閃爍於開眼閉眼之際，忽爾進入醒夢一如之境，大地平沉，豁然夜空一體。唯天色雖黑，船已靠岸，即舉足前行。忽見虛老亦孤身一人，走在我前。沿途坎坷不平，亂石爛泥猶多，我即趨步上前，手扶虛老右臂曰：「師父，太黑了，危險，我來扶你。」虛老顧我微笑，即脫臂而出，曰：「前路暗淡，你我各走各的，不必相扶。」只好依命同行，但加留意而已。及抵慈雲山門，方各自回僚。此情此景，我在臺灣以後，傳聞虛老遭遇，方憶當時此話，豈亦偶中乎！〔註4〕

先營造了一種「大地平沉，豁然夜空一體」神秘氛圍，而後又謂虛雲對其言「前路暗淡，你我各走各的，不必相扶。」本為平常言語，未必子虛烏有，然結合其後所言「傳聞虛老遭遇，方憶當時此話」的「偶中」，則將虛雲所說

〔註 3〕魯迅：《論「第三種人」》，見《魯迅全集》第 4 冊，北京：人民文學出版社，2005 年，452 頁。

〔註 4〕南懷瑾：《序說虛老年譜致淨慧長老》，見《虛雲和尚全集》第 1 冊，鄭州：中州古籍出版社，2009 年。

的話賦予了預言的功能，更暗示了近乎「一出家，一在家，同時興化，建立吾宗」（《壇經》中語）的所謂「懸記」意味，隱隱然將自己的歷史地位抬到了與虛雲同一層面。

南懷瑾在《宗鏡錄略講》又講到與現代大儒馬一浮相見的情形，更加令人咋舌。文謂：

> 譬如當年我去看馬一浮先生，一代碩儒，當時我名片一遞進去，搞了半天，我坐在冷板凳上，心裏也差不多要起火了，你這個老頭有什麼了不起！可是接著人家那個中門忽然打開了。古時候屋子的中門，平時是關著的，現在突然嘩地打開了，這才看到馬先生從中門出來，兩排的學生，列隊隨後而出，問哪位是南先生。這是大開中門迎接，弄得我趕快跪下。這棒子打得我可厲害了，原來一肚子火，等那麼久，你擺什麼架子呢？原來人家是在裏頭隆重準備接待你，人家叫學生趕快穿衣服，跟我出去接客，而且平時走偏門的，這次大開中門。馬先生和眾弟子從中門那個大禮迎賓地出來，一下我那個雙腿啊！不知膝之曲也！自己都不知道兩個腿會跪下來。請注意，年輕人啊！這都是我親自經驗的前輩的風範。〔註5〕

馬一浮平生崖岸高峻，蔡元培曾禮聘其來北大任教，他亦僅以「禮聞來學，不聞往教」答之，其為人嚴肅，平生極少對後學加以青眼，南懷瑾在當時實在就是一個不知名的後學小輩，若馬先生真大開中門隆重迎接他，實是不可思議之事，這又隱隱然把自己抬到了作為馬一浮「忘年交」的身份上，不過，查閱馬一浮之著述和書信，卻未見一語提及南懷瑾者。

以上兩事，雖令人難以置信，卻也無從否證，也許會有人質疑筆者是「以小人之心度君子之腹」，自可「姑妄言之姑妄聽之」罷，不過下面這件事，則更加駭人聽聞：

> 四川名勝鵠鳴山，為東漢期間道教祖師張道陵隱居之地，山上住有一位名號王青風的道士，是四川境內傳說的劍仙，我曾經上山尋訪他，多次以後，終於見到面，他亦是一位奇人異士。他說：並無飛劍這種事，但劍仙卻是有的。然而他的說法又與杭州城隍山老道所說稍有不同。他說劍為一種「氣功」，所謂以神御氣，以氣御劍，百步之外可以禦敵。又說劍有五類，大別之為有形、無形。他知道

〔註5〕南懷瑾：《宗鏡錄略講》，北京：民族知識出版社，2000年，1377～1378頁。

我羨慕「金光一道」的劍術時，告訴我需鑄備一寸三分長金質小劍，再以道家方法習練。一如道家練丹之法，可將黃金煉化成液體，並可服飲，若中了毒，道家並有解此毒的藥。……後來請王青風老師表演，那時我們彼此之間的感情已經很深厚，所以他就特允了我的請求。一次他站在山頭上，用手一指，數丈外對峰上的一棵老松即應手而倒。我童心未泯，尚驚訝地問他何以無光。他說：「我早已經告訴過你並無此事，欲練至有光，另有一番道理。」〔註6〕

這是講他與「劍仙」的交往，如果像還珠樓主一樣，是仙俠小說的創作也就罷了，但此文的的確確是把「用手一指，數丈外對峰上的一棵老松即應手而倒」以親歷之事去敘述，除了讓人目瞪口呆之外，吾人實在不能再贊一詞。

事實上，南懷瑾的這種「傳奇經歷」的創作，由來已久。2009年，化學家朱清時先生在峨眉山市檔案館發現了約1944年印行的《峨山中頂大坪寺七會後之片片——沙彌釋通禪與王恩洋》一書。〔註7〕「通禪」是南懷瑾1943年在峨眉山短期「閉關」作沙彌時的法名。王恩洋（1897～1964）則為現代佛學名家，師從歐陽竟無先生，學術精湛，著述等身，但在這本書的描述下，則成了一個缺乏起碼佛學常識的無知妄人，被南懷瑾教訓了一通後悻悻然離去。有人指出：「《通禪與王恩洋》一文，把王恩洋寫成一個呆頭呆腦，不明事理人情，一味地跟著通禪衣袖轉；通禪只有幾個『老婆心』『黃葉止啼』之類的禪門套話，拿不出機鋒，賓主都是低能兒。無高潮迭起，懸念不斷。無文采，實偽作中之劣等檔次也。目的在以名人作靶子，抬高自己。」〔註8〕

此外，在南懷瑾門人的筆下，他不僅博通三教九流，修行深不可測，連日常生活都與常人不一樣，比如在署名練性乾者所撰的《我讀南懷瑾》中謂：「看相，算命，看風水，還有氣功和特異功能等等，這些從道家學術衍生出來的東西，歷來被歸入『三教九流』、『旁門左道』。這些東西，南老師都通，都作過研究，也都能講出道道來。」「接近南老師的人說，南老師精通《易經》，他用《易經》的方法來預測天下大事，因此，預言都能應驗。」甚至「南老師每天做那麼多事，工作時間那麼長，而且吃得那麼少，只有晚飯一頓，兩小碗

〔註6〕南懷瑾：《太極拳與道功》，網絡版，見 http://www.quanxue.cn/CT_NanHuaiJin/TaiJi/TaiJi03.html
〔註7〕峨眉新聞網，http://www.jrem.cn/content/2009-1/23/200912394406.htm
〔註8〕文希周：《〈通禪與王恩洋〉一文的真實性如何》，見 http://tieba.baidu.com/p/3082 351366

白薯稀飯……一天只吃兩小碗稀飯，南老師也叫別人不要試，該吃的還要吃，真的修道工夫到了，自然會像南老師這樣」〔註9〕云云。

南懷瑾晚年自知其言行充滿爭議，又開始故作謙虛，自稱平生「一無所長，一無是處」，此舉更深得其早年交往過的李宗吾「厚黑學」之三昧，因為，在他的追隨者和崇拜者眼裏，這一表述更令他們覺得「南師」境界深不可測；而對於反感和批評他的人而言，則又堵上了大家的嘴——人家自己都承認「一無是處」了，你還批評個什麼呢？其流行多年而不衰，深明世事的過人之處，於此可見一斑。

正是在這類傳奇經歷和超常事蹟敘述的營造下，南懷瑾在他的許多讀者心目中隱隱然成了一位「克里斯馬」（charisma），也就是具有精神領袖性質的偶像。利用神化自己的手段進行形象塑造，究其實質，是利用了常人潛意識層面對於偶像崇拜的一種心理需求。用精神分析學理論而言，這種偶像符合所謂的「戀父情結」（Electra complex），具有父親般的超能和權威，被塑造得越完美，越不可思議，就越發會受到大眾的歡迎和敬拜。

多年前，筆者曾觀察過南懷瑾的擁躉們所成立的某網絡論壇，其成員一律尊稱南氏為「南師」或「懷師」，將其言行奉為金科玉律，甚至有許多人急不可耐欲見其一面，倡議「組團見南師」並致信南氏晚年所居的太湖大學堂，可笑的是，結果卻得到了一封南懷瑾秘書室代筆的公開回信，遭到一頓訓斥而偃旗息鼓。〔註10〕有人曾至太湖大學堂應聘，「其間，有負責應聘的老師和校門保安告知，常有南懷瑾老師的粉絲在校門外徘徊數日，長跪不起，為進入大學堂求見南老師一面。」〔註11〕這類情況顯然說明了，「南懷瑾神話」的形成，顯然與20世紀80年代後特異功能熱時期部分民眾對「大師」的癡迷，「追星族」們不惜傾家蕩產為求見某「天王」一面等「目睹之怪現狀」如出一轍，應具有相同的社會根源。現在網絡上多謂那些視偶像為神明、喪失理性的狂熱追星族們為「腦殘粉」，而值得注意的是，崇拜南懷瑾者，學歷和智力水平甚至社會地位卻大抵不低。——當年的特異功能熱，乃至某些「新興宗教」的追捧者群體中，也不乏這種情況，剛剛被拘捕的深受富商和「明星」追捧的「大師」王林便是一典型實例。也許正如弗洛伊德所講：「在一個集體的心理活動中，

〔註9〕練性乾：《我讀南懷瑾》，上海：復旦大學出版社，2003年，292，293，327頁。
〔註10〕《南師寫給》組團見南師「諸位同修的回信》（2010年1月24日），http://www.ebaifo.com/fojiao-359534.html
〔註11〕《面試記——太湖大學堂遊記》，http://bbs.tianya.cn/post-72-594984-1.shtml

確實就像在夢中和在催眠狀態中一樣，檢驗事物真實性的功能在具有情感性精力貫注的願望衝動的強大力量面前，不再發生作用了。」〔註12〕說明這並非是名副其實的真「腦殘」，而應是一種集體性的異常心理現象。

二、鼓吹「實證」以導向反學術的神秘主義

南懷瑾的作品中充斥著大量的有關歷史文化常識性的硬傷，這一點早已被很多人注意，早在 1991 年，前輩學者張中行先生在《讀書》上發表《看閒書二題》指出南懷瑾的《論語別裁》中「不管語文規律，自己高興怎麼講就怎麼講，這就箋注的路數說，或只是就膽量說，確是前無古人。」〔註13〕——即使是尊敬南懷瑾的臺灣學者龔鵬程，在肯定南氏對中國文化有「普及之功」的同時，也不得不承認「南懷瑾先生的錯誤可以稱得上『罄竹難書』」〔註14〕。——不過，這些「罄竹難書」的硬傷卻絲毫不影響南懷瑾作品的持續升溫，與「南粉」的堅定追隨，其中奧秘，當在於南懷瑾本人早已撇清了自己的觀點與文獻考據乃至於學術研究規範的關係。這些「硬傷」，在喜好者看來，反而可以看成是他「不拘一格」的智慧，或者說是「創造性詮釋」。南懷瑾所標榜的，是所謂「修證」或「實證」，而非文化知識的準確。

南懷瑾對文獻考據乃至於人文科學研究方法的不屑，可以在他對佛教經典解說的態度中看出。南懷瑾認為，面對佛教經典，文本研究乃至於義理辨析，都是不重要甚至是錯誤的方法，而所謂「實證」才是最重要的。南氏在《楞嚴大義今釋》中說：

> 偏重或迷信於考據，則有時會發生很大的錯誤和過失。考據是一種死的方法，它依賴於或然性的陳年往跡，而又根據變動無常的人心思想去推斷。人們自己日常的言行和親歷的事物，因時間空間世事的變遷，還會隨時隨地走了樣，何況要遠追昔人的陳跡，以現代觀念去判斷環境不同的古人呢？人們可以從考據方法中求得某一種知識，但是智慧並不必從考據中得來，它是要靠理論和實驗去證得的。〔註15〕

〔註12〕【奧】弗洛伊德：《集體心理學和自我的分析》，見《弗洛伊德後期著作選》，上海譯文出版社，1997 年，85 頁。

〔註13〕張中行：《看閒書二題》，見《讀書》，1991 年 12 期。

〔註14〕《名家之論》，見《羊城晚報》2013 年 4 月 21 日。

〔註15〕南懷瑾：《楞嚴大義今釋·敘言》，上海：復旦大學出版社，2001 年，9 頁。

　　這一論述，擺明瞭他以研讀文獻的準確性與所謂「智慧」無關的態度，進而，他又批評「把佛學當作學術思想來研究」的方法，是「忽略了有如科學實驗的修證精神。……學佛的人為了避重就輕，曲學取巧，竟自舍本逐末，實在是不智之甚。」〔註16〕

　　這裡的問題是，南氏反覆標榜的「修證精神」，又是什麼呢？──南懷瑾雖然否定了人文科學的研究方法，卻非要將之與自然科學拉上關係，他說：

> 佛教雖然也是宗教，但是一種具有高深的哲學理論和科學實驗的宗教。它的哲學理論常常超出宗教範疇以外，所以也有人說佛教是一種哲學思想，而不是宗教。佛教具有科學的實證方法，但是因為它是從人生本位去證驗宇宙，所以人們會忽略它的科學基礎，而仍然將它歸之於宗教。可是事實上，佛教確實有科學的證驗，及哲學的論據。它的哲學，是以科學為基礎，去否定狹義的宗教，它的科學，是用哲學的論據，去為宗教做證明。〔註17〕

　　對此問題，筆者曾撰文指出，如果我們熟悉科學理論的話，以南懷瑾為代表的宗教家們所謂的這個「實證」與科學方法論中的「實證」（也就是實驗）相比，恐怕完全是風馬牛不相及。因為二者最大的區別是，神秘主義「實證」的說法中缺乏科學命題中最為必要的「可證偽性」。從事「修證」者「證」了一番「證」出來了便好，但倘若「證」不出來，他們也永遠不會說認為是宗教經典本身（或某「大師」的教導）存在問題或錯誤，這永遠只能是你方法上出現錯誤而沒練對，或者乾脆說你沒有「法緣」。科學方法論上的「實證」則完全不是這樣的，如果屢次實驗仍得不出某個期待的結果，只能說是該命題或假設本身是錯誤的。因此，完全可以說，南懷瑾所謂的「實證」是科學，不過是一個頗有誤導性的，似是而非的說法，本質上還是先入為主的非理性信仰而已。〔註18〕──就南懷瑾的作品而言，他經常信手拈來一些自然科學的典故，諸如量子力學、四度空間、愛因斯坦之類，都被拿來比附於他的所謂「修證」，這一套路實在是令人似曾相識，是林林總總的「大師」們常用招數，我們也實在不必深論。其實魯迅先生早已談到這類現象：「現在有一班好講鬼話的人，最恨科學，因為科學能教道理明白，能教人思路清楚，不許鬼

〔註16〕南懷瑾：《楞嚴大義今釋‧敘言》，上海：復旦大學出版社，2001年，9頁。
〔註17〕南懷瑾：《楞嚴大義今釋‧敘言》，上海：復旦大學出版社，2001年，3～4頁。
〔註18〕參見拙文《從「可證偽性」看神秘主義所謂之「實證」》，見《科學與無神論》
　　　　2014年第2期。

混，所以自然而然的成了講鬼話的人的對頭。於是講鬼話的人，便須想一個方法排除他。其中最巧妙的是搗亂。先把科學東扯西拉，羼進鬼話，弄得是非不明。」〔註19〕

　　南懷瑾之學說特點，筆者覺得其在《靜坐修道與長生不老》中的表述最有代表性，文謂：

　　　　人，充滿了多欲與好奇的心理。欲之最大者，莫過於求得長生不死之果實；好奇之最甚者，莫過於探尋天地人我生命之根源，超越世間而掌握宇宙之功能。由此兩種心理之總和，構成宗教學術思想之根本。西方的佛國、天堂，東方的世外桃園與大羅仙境之建立，就導致人類脫離現實物慾而促使精神之昇華。……鍛鍊精神肉體而力求超越物理世界之束縛，以達成外我的永恆存在，進而開啟宇宙生命原始之奧秘。既不叛於宗教者各自之信仰，又不純依信仰而自求實證。〔註20〕

　　這無疑是一種徹底的神秘主義之論調（辭書中對神秘主義的解釋一般是「通過從外部世界返回到內心，在靜觀、沉思或者迷狂的心理狀態中與神或者某種最高原則結合，或者消融在它之中」），不僅傳統文化中的所謂「辭章、義理、考據」與之無關，佛家之義學思辨、真偽抉擇、乃至於「依法不依人」之訓誡，在南懷瑾的學說中均無關緊要，正如有人所指出的：「現代人對都市生活的種種不適感，讓很多人產生了一種奇怪的神秘主義衝動，尋求『不可理解』。給自己找個『上師』，已經成為一種風尚，甚至被看成一種身份證明。南懷瑾參訪貢噶活佛、根桑活佛，求取過『上師』資格認證這一點，肯定是他道場的最重要招牌之一。……南懷瑾帶有傳奇色彩的經歷，和他著作、講座中的神秘主義具有了難以抗拒的魅力。他告訴你，有些東西信就夠了，沒辦法弄懂。……南懷瑾講佛，神通、異象隨處可見，又雜以占卜之類的學問，將人催眠之後帶進夢境深處。與此同時，他又用禪宗為調料燴出心靈雞湯，把人舒舒服服地灌醒。」〔註21〕——要之，通過反對（或者說矮化）正常的學術研究，而進一步將儒釋道等傳統文化典籍給予神秘主義角度的詮釋，是南氏作品的

〔註19〕魯迅：《隨感錄三十三》，見《魯迅全集》第 1 冊，北京：人民文學出版社，2005 年，314 頁。
〔註20〕南懷瑾：《靜坐修道與長生不老》，上海：復旦大學出版社，2005 年，1 頁。
〔註21〕管鵬鵬：《南懷瑾：大師中的陰陽師》，見《法治周末》2012 年 12 月 25 日。

最大特點，也是能夠吸引許多具有獵奇心理的大眾的奧秘所在，從而營造出了「南懷瑾神話」。

三、結語

南懷瑾之所學，有人尊之為「國學大師」，亦有人貶之為「江湖術士」，筆者覺得，若將這兩個看法合而觀之，南懷瑾神話的形成，倒是可以視為多年來「國學江湖化」的典型現象。——君不見，當前的神州大地，高校裏有「國學院」，社會上有「國學班」，還有林林總總的「國學講座」、「國學論壇」，並以「國學大師」之桂冠加封了無數已故或尚在的人文學者。總之，通過種種渠道的渲染和推波助瀾，「國學」在國人心目中已無形中衍生出了「高大上」的神聖光環，舉凡天人合一、窮理盡性、克己復禮等「形而上之道」，乃至於陰陽五行、堪輿術數、氣功養生等「形而下之器」，一往而無非「國學」。花裏胡哨的「漢服」招搖過市、一些演藝圈的歌手演員們居然也成了「國學推廣大使」……。如是種種，泥沙俱下的現狀，導致對國學的包裝營銷以及詮釋，都充斥著一股打把勢賣藝的江湖味道，而就內在實質而言，要之可總結為兩個方面：

首先，對經典詮釋的隨意化。從 1980 年代以來的《易經》熱，到現在的《論語》、《老子》、《莊子》等大行其道，一些「學術明星」通過媒體對經典的講解，卻越來越像相聲和評書，諸如從《周易》裏看到地球災難、從《老子》裏看到物理理論的種種奇談怪論，不勝枚舉。舉凡儒釋道三教經典，本不乏對於宇宙人生問題的深刻追索，對專制社會中不平等狀況的鞭笞，但在現在流行的詮釋中，卻大多導向了「幸福與貧富無關，與內心相連」這種宣揚阿Q精神的「心靈雞湯」。南懷瑾的《論語別裁》等書，便是這種「隨意化」詮釋的早期典型。

其次，對學術大師的神聖化。近現代時期的中國，在人文研究領域的確出現了一大批學貫中西的大師，這是一種因緣際會的歷史現象，很難複製，後人也很難達到他們的成就，這本是不爭的事實。「國學熱」興起後，這些前輩學者竟一股腦兒被尊為「國學大師」，其中甚至包括魯迅、胡適這些新文化的倡導者。社會上真正懂一點「國學」的人，畢竟是極少數，而「大師」這一神聖化的光環卻給人們留下了足夠深刻的印象，以至於最後只要能講點三教九流和四書五經，加上年齡活的足夠長，一律都被媒體炒作成「大師」，甚至不乏

自稱「大師」者，對「大師」的追捧往往也超過了對「國學」本身的追捧。——筆者年來參與編撰某出版社策劃的中小學傳統文化讀本，在過程中瞭解到，一些中小學基層教師心目中，南懷瑾居然便是名副其實的「國學大師」，現狀實令人憂慮。

　　克實而言，南懷瑾對於傳統文化的理解，秉承了神秘主義的思想傳統，迎合了時人的獵奇心態，因而造就了「南懷瑾神話」。這一社會現象的形成，或可導源於文化啟蒙的尚不成熟，中國社會多年來重科學技術而忽視科學精神的誤區，亟有待彌補。此外，中國數千年的宗法專制的枷鎖，也許仍然還留在許多人的內心當中，相信社會上存在「大師」或「高人」並對其匍匐的心態和行為，或者就是從皇權時代崇拜「世俗權威」到崇拜「精神權威」的轉化。——當然，如所周知，南懷瑾多年來或許的確也做出了一些於國於民有利的社會活動，吾人也自不宜全然「因言廢人」，對其平生全面公允的定位，顯然尚有待於日後。

第六章　文獻偶識

《壇經》版本諸問題辨正

　　《壇經》版本眾多，目前已發現的各種有價值的寫本、刻本已有二三十種。不過皆為四個版本系統的衍生，也就是敦煌本、惠昕本、契嵩本、宗寶本。

　　其一，敦煌本。此本為現存年代最古之本，全名為《南宗頓教最上大乘摩訶般若波羅蜜經六祖惠能大師於韶州大梵寺施法壇經》，下署「兼受無相戒弘法弟子法海集記」，卷末題為「南宗頓教最上大乘壇經法一卷」，故亦稱「法海本」。此本未分品目章次，文字質樸，並夾雜方言俗語。全書約 12000 字。1923年，由日本學者矢吹慶輝在大英博物館發現，係斯坦因攜去的敦煌文獻之一（編號為 S.5475）。此後的數十年中，又陸續發現了數種與之類似的敦煌抄本，分別有敦博本（藏敦煌博物館，編號 077）、北圖本（藏國家圖書館【原北京圖書館】，編號國圖岡字四八號）、旅博本（最早為日本大谷探險隊的吉川小一郎獲得，後佚失，2009 年於旅順博物館重新發現）。此外，尚有一枚《壇經》抄本的殘片，藏於國家圖書館的 BD08958 號，僅存 5 行，原為兌廢稿，1996 年由方廣錩發現。以上諸本中，過去一般認為敦博本抄寫錯誤較少，多用之為校勘底本。——敦煌本《壇經》寫本的抄寫年代，或大約在唐末五代時期，這也可以在「旅博本」尾部的「顯德五年乙未歲」（當為「六年」，即公元 959 年）之年款得到印證。當然，其成書時代要早得多，印順法師在《中國禪宗史》中提出其應成於 780～800 年間［註1］，可備一說。

　　其二，惠昕本。為晚唐僧侶惠昕的改編本，題為《六祖壇經》，分上、下兩卷，共十一門，約 14000 字。前有惠昕序，稱「古本文繁，披覽之徒，初忻

〔註 1〕印順：《中國禪宗史》，北京：中華書局，2010 年，257 頁。

後厭」。可見他曾根據當時的其他版本做過一些增刪修改工作。惠昕本的內容與敦煌本相比，還沒有像後世的版本差別那麼大，但已多出了一些情節，如慧能得法歸來避難、傳五分法身香、朝廷徵召等事蹟。據考證，惠昕改編《壇經》當在北宋太祖乾德五年（967）五月，後有宋刊本行世。不過，惠昕本的刻本在中國早已失傳，後在日本京都興聖寺發現抄本，故又稱「興聖寺本」（源於1153 年宋刊本）。日本大乘寺本（源於1116 年宋刊本）、真福寺本（源於1012年宋刊本）等都是其同一系統的抄本。

其三，契嵩本。為北宋至和（1054～1056）年間僧侶契嵩改編，全稱《六祖大師法寶壇經曹溪原本》，簡稱《曹溪原本》，一卷，十品，約 20000 餘字。書前有郎簡序，稱契嵩捨棄了原來「文字鄙俚繁雜」的舊本，改用「曹溪古本，校之，勒成三卷」。不過原本今已不存。元至元二十七年（1290），僧侶德異在「吳中休休禪庵」刊行《壇經》，世稱「德異本」。據學界研究，德異本可能就是契嵩本，不過經文的章節已改為一卷十門，此本流傳脈絡複雜，後收錄於明《嘉興藏》中。胡適以現存《壇經》的各種版本與敦煌本相比較，發現最早在內容上發生重大變化的就是契嵩本，其後的宗寶本與契嵩本相比併無太多變化。

其四，宗寶本。元至元年間，光孝寺僧人宗寶又將《壇經》改編，題名《六祖大師法寶壇經》，一卷，十品，20000 餘字。書末跋文謂寫於至元二十八年（1291），應亦是刊行於這一年。宗寶本文字流暢可讀，內容豐富，故明代以來至今流傳最為廣泛，甚至可以說上已取代了其他版本，其重刊本有數十種。

關於如何看待敦煌本《壇經》以及後世篇幅逐漸增加的各本《壇經》的關係，近百年來多數學者已有共識，也就是說，敦煌本《壇經》「去古未遠」，可視為「慧能的《壇經》」〔註2〕，是研究慧能本人思想的較為可靠的材料；而傳世諸本《壇經》，則可視為「禪宗的《壇經》」，其中內容的逐漸遷變增補之跡，體現了禪宗思想的發展軌跡，亦彌足重視。——正如馬王堆帛書的《老子》與郭店楚簡的《老子》的發現，雖有重要學術價值，卻決不可替代傳世本《老子》的文化意義，《壇經》諸本之關係，亦應如此看待。

不過，以上四個版本系統的《壇經》之間的關係，尚有諸多問題頗有爭議。諸如，敦煌本《壇經》之前，是否尚有一更古的「祖本」？惠昕本《壇經》是

〔註 2〕需要注意的是，敦煌本《壇經》應亦有神會一系摻入的內容，此本雖離慧能時代為最近，事實上亦需要有所抉擇辨析。

否承接敦煌本而來，抑或另有所本？契嵩所見的「曹溪古本」是否是真正的
「古本」？敦煌本中慧能題壁呈心的偈語有二首，而後世諸本則為一首，其關
係如何？——如是種種，以下根據學界的已有成果，略作梳理。

一、敦煌本《壇經》之前是否尚有一「祖本」

　　這一問題，多數人的看法是肯定的，唯周紹良先生等少數人認為敦煌本
本身就是《壇經》的原本。〔註3〕相對而言，我們較為贊成前者的意見。

　　首先，《景德傳燈錄》中載有慧能親傳弟子南陽慧忠（675～775）的一段
話：

　　　　南陽忠國師語曰：「吾比遊方多見此色，近尤盛矣！聚卻三五百
　　眾，目視雲漢，云是南方宗旨。把他《壇經》改換，添糅鄙談，削除
　　聖意，惑亂後徒，豈成言教！苦哉，吾宗喪矣！」〔註4〕

　　這段記載雖出現於北宋，但其所述為「負面消息」，沒有作偽的動機，應
該是比較可信的。這說明，在慧能逝世後的幾十年間，已經有後人對《壇經》
進行了竄改，出現了不同的版本。

　　就敦煌本《壇經》的文本而言，最能說明其應經過後人改編的證據是如下
這一段：

　　　　大師言：法即付了，汝不須問。吾滅後二十餘年，邪法繚亂，
　　惑吾宗旨。有人出來，不惜身命，定佛教是非，豎立宗旨，即是吾
　　正法。衣不合傳。〔註5〕

　　顯然，這講的應該是神會於開元二十年（732）設無遮大會於河南滑臺大
雲寺，開啟其「南宗北伐」事業的事情。而慧能逝世於先天二年（713），相距
整20年。因此，這段話只能是神會荷澤一脈的摻入。

　　因此，如果堅持將敦煌本《壇經》視為最古之本，只能做出一種解釋，也
就是按胡適先生所說的，視《壇經》為神會本人或神會門徒的作品，不過，這
種看法已由印順法師在《神會與〈壇經〉——評胡適禪宗史的一個重要問題》
一文中進行了全面的否證，幾成定讞。

〔註3〕參見周紹良：《〈敦博本禪籍錄校〉序》，見《敦博本禪籍錄校》（鄧文寬，榮新
　　　　江錄校），南京：江蘇古籍出版社，1998年。
〔註4〕《大正藏》51冊，437頁。
〔註5〕《敦煌新本六祖壇經》（楊曾文校寫），北京：宗教文化出版社，2011年，56
　　　　頁。

敦煌本《壇經》末記有：「此《壇經》，法海上座集。上座無常，付同學道際；道際無常，付門人悟真；悟真在嶺南曹溪山法興寺，現今傳授此法。」〔註6〕說明敦煌本《壇經》至少歷三傳，再結合上述證據，說明敦煌本之前尚有祖本存在之說，更為合乎情理。

二、惠昕本《壇經》是否基於敦煌本

惠昕本《壇經》比敦煌本雖增加了一些情節故事，但總體上僅多出 2000 字左右，是傳世本《壇經》中與敦煌本相比內容差別最小的版本。不過，仍有兩處差別值得注意。

首先，關於慧能「題壁呈心」之偈語，敦煌本《壇經》與傳世本差別較大，有兩首：

菩提本無樹，明鏡亦無臺。佛性常清淨，何處有塵埃。

心是菩提樹，身為明鏡臺。明鏡本清淨，何處染塵埃。〔註7〕

但自惠昕本開始，變成了我們現在耳熟能詳的那首：

菩提本無樹，明鏡亦非臺。本來無一物，何處惹塵埃。〔註8〕

不僅敦煌本的第二首不見蹤影，第一首的「佛性常清淨」也變成了「本來無一物」，其中蘊含的佛學思想，恐怕亦有微妙的差別。郭朋先生在《壇經對勘》一書中認為，這是由惠昕「帶頭」的「竄改」，「作了極為惡劣的開端」。不過，經任繼愈先生查證〔註9〕，這種意見未必盡當，因為，比惠昕本《壇經》早十五年成書的禪宗文獻《祖堂集》中，已經有了「本來無一物」的說法，謂：

行者卻請張日用：「與我書偈，某甲有一個拙見。」其張日用與

他書偈曰：「身非菩提樹，心鏡亦非臺，本來無一物，何處有塵埃。」

（《祖堂集》卷二）〔註10〕

比惠昕本《壇經》早六年成書的《宗鏡錄》中也記云：

如六祖偈云：「菩提亦非樹，明鏡亦非臺，本來無一物，何用拂

塵埃。」（《宗鏡錄》卷三十一）〔註11〕

〔註6〕《敦煌新本六祖壇經》（楊曾文校寫），北京：宗教文化出版社，2011 年，65 頁。
〔註7〕《敦煌新本六祖壇經》（楊曾文校寫），北京：宗教文化出版社，2011 年，11 頁。
〔註8〕《敦煌新本六祖壇經》（楊曾文校寫），北京：宗教文化出版社，2011 年，74 頁。
〔註9〕參見任繼愈：《敦煌〈壇經〉寫本跋》，見《敦煌壇經合校簡注》（李申合校，方廣錩簡注），太原：山西古籍出版社，1999 年，96 頁。
〔註10〕《祖堂集》，長沙：嶽麓書社，1996 年，54 頁。
〔註11〕《大正藏》48 冊，594 頁。

　　由此可見，「本來無一物」的說法，雖不是敦煌本的內容，自另有所本，
至少不是惠昕本人的改動。

　　其次，若惠昕本完全基於敦煌本，增加了一些內容是在情理之中的，不
過，有一段頗為重要的文字，見於敦煌本卻未見於惠昕本，便有些不合情理。
這就是以下內容：

　　　　善知識，此法門中坐禪原不著心，亦不著淨，亦不言不動。若
　　言看心，心元是妄，妄如幻故，無所看也。若言看淨，人性本淨，
　　為妄念故，蓋覆真如，離妄念，本性淨。不見自性本淨，起心看淨，
　　卻生淨妄。妄無處所，故知看者卻是妄也。淨無形相，卻立淨相。
　　言是工夫，作此見者，障自本性，卻被淨縛。若修不動者，不見一
　　切人過患，是性不動；迷人自身不動，開口即說人是非，與道違背。
　　看心看淨，卻是障道因緣。

　　　　今既如是，此法門中何名坐禪？此法門中一切無礙，外於一切
　　境界上，念不起為坐，見本性不亂為禪。何名為禪定？外離相曰禪，
　　內不亂曰定。外若著相，內心即亂；外若離相，內性不亂。本性自
　　淨自定。只緣境觸，觸即亂，離相不亂即定。外離相即禪，內不亂
　　即定。外禪內定，故名禪定。《維摩經》云：實時豁然，還得本心。
　　　　《菩薩戒經》云：戒本源自性清淨。善知識，見自性自淨，自修自
　　作自性法身，自行佛行，自作自成佛道。〔註12〕

　　根據郭朋先生的對勘，不僅惠昕本全無此段內容，在此段前文的內容中，
也「塞進了同慧能思想格格不入的東西。諸如『即須廣學多聞』，『言滿天下
無口過，行滿天下無怨惡』，以及『和光接物』等等。所有這些，顯然都不是
慧能的思想。」〔註13〕

　　惠昕在其《六祖壇經序》中言：

　　　　故我六祖大師廣為學徒，直說見性法門，總令自悟成佛，目曰
　　《壇經》，流傳後學。古本文繁，披覽之徒，初忻後厭。〔註14〕

　　這裡所說的「文繁」之「古本」，從字面上理解，自不應是比惠昕本文字

〔註12〕《敦煌新本六祖壇經》（楊曾文校寫），北京：宗教文化出版社，2011 年，17
　　　　～18 頁。
〔註13〕郭朋：《壇經對勘》，濟南：齊魯書社，1981 年，40 頁。
〔註14〕《敦煌新本六祖壇經》（楊曾文校寫），北京：宗教文化出版社，2011 年，141
　　　　頁。

還要少的敦煌本。依筆者推測，所指或當為南陽慧忠所言的「添糅鄙談，削除聖意」類型的某一版本，惠昕當以與今傳敦煌本類似的某個版本，對其進行了修訂。

惠昕所據版本，與今傳敦煌本不同，其最直接的一條證據，應是卷末所述傳承源流：

> 泊乎法海上座無常，以此《壇經》付囑志道，志道付彼岸，彼岸付悟真，悟真付圓會。〔註15〕

這一源流與敦煌本所記法海──道際──悟真的傳承有異，且多傳了一代「圓會」，楊曾文先生推測，「悟真曾兩次接受《壇經》，一次是從法海的同學道際得；一次是從法海的另一同學誌道得」。〔註16〕由此我們推斷，惠昕所據之本應與敦煌本為同一系統，但內容應略有出入。

周紹良先生認為惠昕本即直接由現存敦煌本改編，「古本文繁」當理解為「文詞繁瑣，而不是說字數多少」〔註17〕，其說似亦可通。不過相比較而言，還是假定惠昕本另有所本，更為合情合理一些。

三、「佛性常清淨」還是「本來無一物」

傳世諸本慧能「本來無一物」之偈語，早已深入人心。單就文辭而言，顯然傳世本的一首是優於敦煌本的二首的。但若按周紹良先生的說法：「這是慧能自述他當日的頓悟經過，寫出兩首偈語，他是如何參透禪意，並如何否定神秀的偈語。事實是：第一偈是說明自己的認識，第二偈是否定神秀的認識，兩個偈語是密切相連而不是重複的。」〔註18〕亦頗有道理，不能貿然否定。

事實上，神秀、慧能題壁呈心的情節，恐怕太過戲劇性，雖有其「意義的真實」，卻未必有「事件的真實」。依任繼愈先生的意見，無論是一首還是二首，恐怕都應該是後世南宗、北宗形成嚴峻對立的形勢之後，南宗僧侶以創作神秀、慧能偈語的形式，言簡意賅地總結了二宗思想之基本分野。正如任先生

〔註15〕《敦煌新本六祖壇經》（楊曾文校寫），北京：宗教文化出版社，2011 年，101 頁。

〔註16〕《敦煌新本六祖壇經》（楊曾文校寫），北京：宗教文化出版社，2011 年，280 頁。

〔註17〕周紹良：《〈敦博本禪籍錄校〉序》，見《敦博本禪籍錄校》（鄧文寬，榮新江錄校），南京：江蘇古籍出版社，1998 年，22 頁。

〔註18〕周紹良：《〈敦博本禪籍錄校〉序》，見《敦博本禪籍錄校》（鄧文寬，榮新江錄校），南京：江蘇古籍出版社，1998 年，16 頁。

指出的：「這個五祖傳法故事有多少真實性，還值得懷疑。」〔註19〕

唐淨覺集於景龍二年（708）《楞伽師資記》中引用玄賾《楞伽人法志》的記載，「五祖」弘忍臨終前兩天曾對玄賾說：「吾一生教人無數，好者並亡；後傳吾道者，只可十耳。」〔註20〕於玄賾以外，更舉出了上首神秀、資州智詵、白松山劉主簿、華州惠藏、隨州玄約、嵩山老安、潞州法如、韶州慧能、揚州高麗僧智德、越州義方，共計十人。這一記載，單就史實上而言，恐怕比《壇經》以來法脈歷代付囑單傳的說法，更為樸實合理。

事實上，敦煌本《壇經》中也有慧能逝世前付囑十弟子的說法：

> 大師遂喚門人法海、志誠、法達、智常、智通、志徹、志道、法珍、法如、神會。大師言：「汝等十弟子近前。汝等不同餘人。吾滅後，汝等各為一方師。……」〔註21〕

> 大師言：「十弟子，已後傳法，遞相教授一卷《壇經》，不失本宗。……」〔註22〕

慧能與其師弘忍逝前均付囑十弟子，恐怕不應視為巧合，不知這是否是當時僧團以佛陀「十大弟子」為模式而形成的一種規制，抑或與華人重數字「十」有關的一種風俗。——總之，就此而言，與弘忍單獨付法慧能的說法確實是有些矛盾的。

雖「佛性常清淨」的說法近於佛教傳統的佛性論，而「本來無一物」的說法則更近於空觀之說，事實上，這兩派學說對於禪宗思想同樣都有一定影響。故無論「題壁呈心」的偈語最初是二首還是一首，在思想上應並無原則性的重大分歧，恐怕無關宏旨。但依情理而言，慧能以兩首偈對應神秀的一首偈，確實在故事情節上顯得不甚高明暢達，不過這恐怕也說明了，這一相對粗糙的說法可能更早一些，應經過後人再次的修正而定型為「本來無一物」之一首。

當然，這一推測也是吾人「大膽的假設」而已。

〔註19〕任繼愈：《敦煌〈壇經〉寫本跋》，見《敦煌壇經合校簡注》（李申合校，方廣錩簡注），太原：山西古籍出版社，1999 年，95 頁。
〔註20〕《大正藏》85 冊，1289 頁。
〔註21〕《敦煌新本六祖壇經》（楊曾文校寫），北京：宗教文化出版社，2011 年，50 頁。
〔註22〕《敦煌新本六祖壇經》（楊曾文校寫），北京：宗教文化出版社，2011 年，53 頁。

四、契嵩本增補的內容來源

契嵩本中收有宋吏部侍郎郎簡所撰《六祖法寶記敘》，中謂：

> 然六祖之說，余素敬之，患其為俗所增損，而文字鄙俚繁雜，殆不可考。會沙門契嵩作《壇經贊》，因謂嵩師曰：「若能正之，吾為出財，模印以廣其傳。」更二載，嵩果得曹溪古本校之，勒成三卷，燦然皆六祖之言，不復謬妄，乃命工鏤板，以集其盛事。〔註23〕

一些學者認為，契嵩對《壇經》的修訂所據的「曹溪古本」，可能是比敦煌本《壇經》更為可靠和貼近原貌的版本。我們認為，這種看法有一些難以解決的難題。最為明顯的，契嵩本補入了一段預言性的「懸記」：

> 大師七月八日，忽謂門人曰：「吾欲歸新州，汝等速理舟楫。」大眾哀留甚堅，師曰：「諸佛出現，猶示涅槃，有來必去，理亦當然，吾此形骸，歸必有所。」眾曰：「師從此去，早晚可回？」師曰：「葉落歸根，來時無口。」又問曰：「正法眼藏，傳付何人？」師曰：「有道者得，無心者通。」又問：「後莫有難否？」師曰：「吾滅後五、六年，當有一人來取吾首，聽吾記曰：『頭上養親，口裏須餐，遇滿之難，楊柳為官。』」又云：「吾去七十年，有二菩薩從東方來，一出家，一在家，同時興化，建立吾宗，締緝伽藍，昌隆法嗣。」〔註24〕

這段內容講了慧能逝世後有人慾盜其頭顱的事情，「從東方來」的「二菩薩」，則為馬祖與龐蘊，這些均未見於敦煌本與惠昕本，只能是後人的補入。而敦煌本與惠昕本中原有的關於神會的懸記，亦不見於契嵩本中。

此外，據周紹良先生考證，敦煌本中的語言風格，保留不少唐時的口語痕跡，而這些均被惠昕本等後世版本進行了修改。他尚指出：「六祖慧能他是一個不識字的出家人，並且讀過有限的經典。他能達到開山作祖的地位，完全是靠的頓悟，以一般人所不能達到的智慧，參透一切，成為五祖事業的繼承人。所以他的語言，不是一般說法僧的話頭。因之這本《壇經》，與一般講經有很大不同的地方，不單口語味重，而且應該帶有越粵地方方言，而絕不會有當時一般知識分子那種從六朝傳下來的工整的辭藻。」〔註25〕——除了一些語言細

〔註23〕《敦煌新本六祖壇經》（楊曾文校寫），北京：宗教文化出版社，2011年，150～151頁。

〔註24〕郭朋：《壇經對勘》，濟南：齊魯書社，1981年，155～156頁。

〔註25〕周紹良：《〈敦博本禪籍錄校〉序》，見《敦博本禪籍錄校》（鄧文寬，榮新江錄校），南京：江蘇古籍出版社，1998年，8頁。

節的例證，細審周先生所提出的文本案例，我覺得有兩處較為有力——

一處是，敦煌本中謂「大眾愕然，莫知何事。大師曰：『大眾大眾作意聽，世人自色身是城，眼、耳、鼻、舌、身是城門，外有六門——內有意門」，周先生認為：

> 「大眾大眾作意聽」在惠昕本就完全刪去，這正是唐代人的當時語言，正體現這是原始記錄，大概惠昕感到它不是他的時代語言，於是就刪去了。底下慧能一段語言，他把眼、耳、鼻、舌、身、意六識，只說了五種，可是卻說到「六門」，他感到言語有漏，因趕緊補上一句「——內有意門」，意思「六門」內還有意門。這正證明敦煌本《壇經》是一本「原本《壇經》」，是極為重要的證據，惠昕不懂這句話的意思，他把它整理成：
>
> 「師言：『世人自色身是城，眼、耳、鼻、舌、身是城門，外有五門，內有意門。』」
>
> 這是講不通的，「意識」也是一門，怎麼能在五門之外更列一門。這是沒法解釋的。他因為原書「六門」沒有著落，於是就改成「五門」，以適應下文「內有意門」之句。事實他沒弄懂當初慧能說話漏了而加以補充的本意，這在本書提到三十六對時就說到：
>
> 「何名六門？眼、耳、鼻、舌、身、意是。」
>
> 說明眼、耳、鼻、舌、身、意是六門，而不是將意排除只有五門。事實這裡應該整理作「師言：世人自色身是城，眼、耳、鼻、舌、身、意是六個城門」才對。〔註26〕

第二處，敦煌本中謂在記述法達時，原文是這樣的：「又有一僧名法達，常誦《妙法蓮華經》七年，心迷不知正法之處。來至漕溪山，禮拜，問大師言：『弟子常誦《妙法蓮華經》七年，心迷不知正法之處，經上有疑，大師智慧廣大，願為除疑。』」對此，周先生指出：

> 在惠昕本上，整理成：「復有僧名曰法達，問曰：「常誦《法華經》，心常有疑，又不知正法之處。和尚智慧廣大，願為決疑。」在整理後的文字上，似乎看不出什麼問題。實際原文說到法達「常誦《妙法蓮華經》七年」，這是說法達是以持誦《妙法蓮華經》為清修

〔註26〕周紹良：《《敦博本禪籍錄校》序》，見《敦博本禪籍錄校》（鄧文寬，榮新江錄校），南京：江蘇古籍出版社，1998年，7～8頁。

的專業和尚，這在隋唐時代是有很多這樣和尚的，稱為「法華僧」。我們可以從梁慧皎《高僧傳》中《誦經》篇看到不少專以持誦《妙法蓮華經》和尚的事蹟。……可見誦持《妙法蓮華經》在出家僧侶中是一派專業的修行者。到了宋代，大概這樣僧人已經少了，惠昕或許並不理解「常誦《妙法蓮華經》七年」之特殊性，因之在整理時把這一特徵予以刪去，遂使在文字上看來就像一個一般持經者。〔註27〕

　　而無論在唐宋的語言細節區別上，還是以上所講的文本案例上，契嵩本皆更近於惠昕本，而不同於敦煌。如果契嵩所見的「曹溪古本」比敦煌本還要早，恐怕不會是這種情況。

　　綜合已有相關見解，我們認為仍是胡適先生在其《〈壇經〉考之一》文中提出的，契嵩所依據的「曹溪古本」是《曹溪大師別傳》的看法，理據較為充分。——《曹溪大師別傳》約編撰於 8 世紀，記述了慧能生平事蹟和禪法語錄，久已在中國佚失，卻存於日本，為 9 世紀日本天臺宗創始人最澄來唐求法期間所抄錄歸國，收入《續藏經》中。胡適經對勘契嵩本《壇經》與《別傳》，總結如下：

　　我們試取敦煌本《壇經》和明藏本相比較，可以知道明藏本比敦煌本多出百分之四十（我另有《壇經》敦煌本考證）。這多出的百分之四十，內中有一部分是宋以後陸續加進去的。但其中有一部分是契嵩採自《曹溪大師別傳》的。今依明藏的次第列表如下：

　　一、行由第一　自「惠能後至曹溪，又被惡人尋逐」以下至印宗法師講《涅槃經》，惠能說風幡不動是心動，以至印宗為惠能剃髮，惠能於菩提樹下開東山法門，——此一大段，約四百餘字，敦煌本沒有，是採自《曹溪大師別傳》的。

　　二、機緣第七　劉志略及其姑無盡藏一段，敦煌本無，出於《別傳》。又智隍一段，約三百五十字，也出於《別傳》的瑝禪師一段，但改瑝為智隍，改大榮為玄策而已。

　　三、頓漸第八　神會一條，其中有一段，「吾有一物，無頭無尾，無名無字，無背無面，諸人還識否？」約六十字，也出於《別傳》。

　　四、宣詔第九　全章出於《別傳》，約六百多字，敦煌本無。但

〔註27〕周紹良：《〈敦博本禪籍錄校〉序》，見《敦博本禪籍錄校》（鄧文寬，榮新江錄校），南京：江蘇古籍出版社，1998 年，11～14 頁。

此章刪改最多，因為《別傳》原文出於一個陋僧之手，謬誤百出，
如說「神龍元年（703）高宗大帝敕曰」，不知高宗此時已死了二十
二年了！此等處契嵩皆改正，高宗詔改為「則天中宗詔」，詔文也完
全改作。此詔今收在《全唐文》（卷十七），即是契嵩改本，若與《別
傳》中的原文對勘，便知此是偽造的詔書。

五、付囑第十　七十年後東來二菩薩的懸記，出於《別傳》，說
詳上文。

又《別傳》有「曹溪大師頭頸先以鐵鍱封裹，全身膠漆」一語，
契嵩入《壇經》，敦煌本無。

又此章末總敘慧能一生，「二十四傳衣，三十九祝髮，說法利生
三十七載」，也是根據《別傳》，而稍有修正。《別傳》記慧能一生的
大事如下：

三十四歲，到黃梅山弘忍處得法傳衣。

三十四至三十九，在廣州四會、懷集兩縣界避難，凡五年。

三十九歲，遇印宗法師，始剃髮開法。但下文又說開發受戒時
「年登四十」。

七十六歲死，開法度人三十六年。

契嵩改三十四傳衣為「二十四傳衣」，大概是根據王維的碑文中
「懷寶迷邦，銷聲異域，……如此積十六載」之文。（適按，柳宗元
碑也有「遁隱海上……又十六年」之語。劉禹錫碑說：「大鑒生新
州，三十出家，四十七而歿。」）又改說法三十六年為三十七年，則
因三十九至七十六，應是三十七年。〔註28〕

雖然，胡適所言對《曹溪大師別傳》史料價值的否定，恐怕有些偏頗。胡
適認為《曹溪大師別傳》是唐建中二年（781）「江東或浙中的一個和尚」〔註
29〕、「一個無識陋僧妄作的一部偽書，其書本身毫無歷史價值，而有許多荒謬
的錯誤。」〔註30〕——但就文本分析而言，以「曹溪古本」為《曹溪大師別傳》，

〔註28〕胡適：《〈壇經〉考之一（跋〈曹溪大師別傳〉）》，《20世紀佛學經典文庫・胡
　　　適卷》，武漢：武漢大學出版社，2008年，316～318頁。
〔註29〕胡適：《〈壇經〉考之一（跋〈曹溪大師別傳〉）》，《20世紀佛學經典文庫・胡
　　　適卷》，武漢：武漢大學出版社，2008年，314頁。
〔註30〕胡適：《〈壇經〉考之一（跋〈曹溪大師別傳〉）》，《20世紀佛學經典文庫・胡
　　　適卷》，武漢：武漢大學出版社，2008年，318頁。

證據是比較充分的。楊曾文先生亦曾按照「如果此說成立」為前提,做出了一些合理性推斷。《曹溪大師別傳》為「去古未遠」之書,謂之「古本」亦合乎情理,就目前現有的史料而言,胡適的考證不失為相對合理的解答。

若「曹溪古本」為《曹溪大師別傳》,那麼,郎簡所說的「文字鄙俚繁雜」的本子,又是什麼呢?筆者認為,契嵩有可能見到過與敦煌本系統有關的一個版本。因為有一個非常值得注意的問題,亦即前文所說的見於敦煌本卻又不見於惠昕本的那段《壇經》內容,在契嵩本中又重新出現了,文作:

> 師示眾云:善知識!何名坐?此法門中,無障無礙,外於一切善惡境界,心念不起,名為坐;內見自性不動,名為禪。善知識!何名禪定?外離相為禪,內不亂為定。外若著相,內心即亂,外若離相,心即不亂。本性自淨自定,只為見境、思境即亂。若見諸境心不亂者,是真定也。善知識!外離相即禪,內不亂即定,外禪內定,是為禪定。《淨名經》云:「即時豁然,還得本心。」《菩薩戒經》云:「我本性元自清淨。」善知識!於念念中自見本性清淨,自修自行,自成佛道。然此門坐禪,元不著心,亦不著淨,亦不是不動。若言著心,心元是妄,知心如幻,故無所著也。若言著淨,人性本淨,由妄念故,蓋覆真如,但無妄想,性自清淨。起心著淨,卻生淨妄,妄無處所,著者是妄。淨無形相,卻立淨相,言是工夫,作此見者,障自本性,卻被淨縛。善知識!若修不動者,但見一切人時,不見人之是非、善惡、過患,即是自性不動。善知識!迷人身雖不動,開口便說他人是非、長短、好惡,與道違背,若著心著淨,卻障道也。」〔註31〕

這段文字並被宗寶本所沿襲。綜上所論,從語言風格上看,契嵩本《壇經》應仍是以惠昕本(或類似之本)為基礎;從情節的補充上看,惠昕應見到過與敦煌本系統有關的「文字鄙俚繁雜」的本子,並可能補入了《曹溪大師別傳》的一些內容而成書。

五、小結

從現存《壇經》諸版本的情況來看,可推知唐宋時代,恐怕並未形成一個《壇經》的定本,而是諸本並行、新舊雜陳的情況。而且,現存的四個版本系

〔註31〕郭朋:《壇經對勘》,濟南:齊魯書社,1981年,41~42頁。

統之間，也未必沒有斷裂的環節。畢竟，南陽慧忠所說的「添糅鄙談，削除聖意」的版本、惠昕所說的「文繁」的古本、契嵩所得的「曹溪古本」、郎簡所說的「文字鄙俚繁雜」之本，具體皆為何指，我們只能利用現有的史料線索進行盡可能合理的推測，若日後又有重要的新材料面世，也許所有的結論都要重新修正。——就目前仍然最為通行的宗寶本《壇經》而言，面貌自非最古，應該雜糅有甚多後人補入的內容，但其歷史地位卻是十分重要的，其宗教意義與文化價值，可視之為經數百年歷史沉澱後形成的「定本」，並不宜因其晚出而否定。當然，我們更不宜獨尊通行本而忽略敦煌本、惠昕本更為「近古」的事實。在佛教史的研究上，「慧能的《壇經》」與「禪宗的《壇經》」二者不可偏廢，殆無疑問。

聚雲吹萬《釋教三字經》（原本）校注

校注說明

聚雲吹萬禪師（1582～1639）撰有《釋教三字經》，旨在為初學者介紹佛教基本歷史與教義之用。《吹萬禪師語錄》中所載之《行狀》謂吹萬「說《三字經》，以修童稚之訓」〔註1〕。後又有敏修長老為之作注，流傳二百餘年。清末印光法師（1861～1940）又加潤色修訂，坊間通行至今。楊仁山居士曾論及印光本與吹萬原本之別，「正文改十之三，注釋改十之七，原本編為兩排者，改而為一排。考據精詳，文辭圓潤，超勝舊作」〔註2〕云云。今人王孺童則介紹說，印光「又託吹萬之名為之作序。於今所見明本，即印公重治之本，而吹萬之原本，實不存矣。」〔註3〕——王氏這個判斷似可商榷，吹萬之原本，晚清時印光、楊仁山等皆曾見過，迄今不過百年之久，且《釋教三字經》係佛教蒙學讀物，流傳廣泛，依情理推測，自應不至全然亡佚。

本人近期尋見一冊印光修訂之前的《釋教三字經》刊本，書名頁題「同治壬申季（按：即1872年）開雕，慧空經房藏版」，將此本內容與印光修訂本互校，發現確係吹萬原本，茲將正文整理錄出，並根據印光本改動處之異同，酌加校注。——此本中尚附有敏修長老之原注，這一部分的整理，尚待諸日後。

因為印光本之改動係有意的重新修訂，其多數改動純為潤色文字，亦有部分係對內容的調整訂正，於後種情況，以校注形式加以說明，以俾窺見原本之特色，及印光改訂之用心也。

〔註1〕《吹萬禪師語錄》卷20，CBETA，J29，no.B239，p.555，a17.
〔註2〕楊仁山：《佛教初學課本》，《楊仁山全集》，合肥：黃山書社，2000年，101頁。
〔註3〕王孺童校注：《佛教三字經匯解》，北京：中國人民大學出版社，2008年，2頁。

釋教三字經

自序

儒有《三字經》為童子學，蓋欲童齡誦習，逮其壯而開悟，則帝王紀綱、人倫之序，不可得而忘也。我教自釋迦如來降生人間，以至逾城證道，立教敷宗，歷歷可據者，亦可例而述之，寧不為沙彌便學耶？元夕前四日，援筆搜成一貼，題曰《三字經》，願將來吾輩口頭哩哩囉囉耳，倘亦壯而開悟，其為「人之初，性本善」，有不同也乎？

蜀東吹萬老人謹序〔註1〕

空劫前，混沌內，有一物，先天地。在人身，名性體，能為佛，能為祖。故我佛，姓瞿曇，誕維衛，周昭年。為太子，遊四門，怕老死，皈依僧。十九歲，逾出城，住雪山，六年足。睹明星，悟道了，圓陀陀，光皎皎。苦行滿，出山來，乞七家，檀度開。《華嚴》轉，三七思，二乘人，那得知。屈為小，丈六身，鹿野苑，說小乘。《阿含經》，十二年，父母族，始相傳。般若會，二十二，教菩薩，二乘昧。方等部，八年運，貶瞎驢，跨神駿。法華會，論八年，記弟子，號金仙。一晝夜，《涅槃經》，青蓮華，指上存。〔註2〕老頭陀，始迦葉，破顏笑，得正法。付衣缽，壽八十，雙林樹，吉祥逝。〔註3〕當支那，周穆王，史記中，忌日詳。〔註4〕

一千年，漢明帝，夢金人，合《周記》。聲教來，蔡愔去，十八人，向西際。月氏國，白馬馱，如來像，與竺摩。到震旦，五嶽興，論胡漢〔註5〕，奏

〔註1〕印光本前所附之序，係印光託名吹萬所代撰，《印光大師文鈔》卷三收入此序，並注明「代明天啟時蜀東忠州聚雲寺吹萬老人釋廣真作」，若未見此原本，實不知吹萬尚有原序也。

〔註2〕此據天臺宗「五時」之說，依次為華嚴時、阿含時、方等時、般若時、法華涅槃時，吹萬原本中方等時與般若時次序顛倒，印光本則更正之。

〔註3〕印光本在此後補充了一段印度佛教的歷史，為原本所無，文謂：「大迦葉，告眾僧，命阿難，結集經。四《阿含》，五大部，會權實，原不二。集律藏，及諸論，遵佛制，續慧命。佛舍利，三分分，各起塔，培福因。阿育王，造浮圖，仗神力，遍閻浮。造佛像，優填王，若禮敬，證真常。苦海中，施濟渡，諸國土，廣流佈。」

〔註4〕「當支那，周穆王，史記中，忌日詳」句在印光本中被刪去，究其原因，雖原本與印光本於佛陀生年問題均採周昭王時之說（現代學者則多不取此說），然原本謂「史記中，忌日詳」之語，雖敏修長老注釋解釋為「史記者，記事之書」，恐亦容易被誤解為指司馬遷的《史記》，頗有歧義。

〔註5〕原本「論胡漢」，印光本改為「驗邪正」。

焚經。上元日，築三臺，道藏焚，佛不壞。寺院起，有僧尼，佛法尊，明帝時。

老迦葉，為初祖，接佛脈，開宗譜。次阿難，續迦葉，為二祖，相傳接。十四祖，號龍樹，中觀論，垂遠示。二十七，祖多羅，如是經，授達摩。二十八，達摩止，為初祖，東土起。梁帝時，闡宗風，直指性，接人通。帝不會，便摘蘆，過北魏，熊耳居。坐九年，只面壁，神光僧，始變骨。雪齊腰，乞甘露，曰輕慢，斷臂足。更慧可，始安心，付《楞伽》，四卷經。名得髓，天下傳，為二祖，豈偶然？僧璨來，本白衣，懺罪竟，死復蘇，依佛法，號三祖。有道信，慕空宗，求解脫，嗣祖風。遇小兒，周氏母，問何姓，答性空，便契之，即承宗。諱宏忍，位第五，住黃梅，接六祖。祖初時，為樵客，聽《金剛》，無住得。稱行者，執負舂，四句偈，便不同。三鼓夜，暗授法，到菩提，始落髮。接門人，四十三，首懷讓，與青源〔註6〕。只傳法，衣鉢定，信者多，免爭競。懷讓下，一神馬，名道一，踏天下。青源下，一祥麟，號石頭，眾中尊。道一下，八十三，曰百丈，曰溈山，曰天皇，四派全。百丈禪，黃蘗代，繼臨濟，為一派。丈再禪，溈山代，繼仰山，又一派。天皇禪，龍潭代，繼德山，雪峰鼎。到雲門，成一派，峰再禪，玄沙代，繼地藏〔註7〕，法眼派。自餘者，各敷揚，門雖多，一戶藏。石頭禪，藥山代，繼雲岩，洞山價，繼曹洞，宏五位。

自七佛，至六祖，三十三，留偈古。讓、源後，諡禪師，載《傳燈》，天下知。或行棒，或行喝，或揚眉，或瞬目。觀音門，音聲闡；文殊門，借物顯；普賢門，身動靜；三元門〔註8〕，三要並。真道脈，立禪宗，妄作者，似其同。謂律宗，謂蓮宗，天臺宗，賢首宗，此五者，本不同。〔註9〕

律宗者，始憂波，傳戒本，曇阿那。晉安帝，陀耶舍，《十誦律》〔註10〕，來中夏。魏聰師，稟傳之，至宣律，便廣知。初束身，後攝心，名三聚，實大

〔註6〕「青源」即「青原」，指青原行思，原本皆作「青源」。
〔註7〕印光本將「地藏」改為「羅漢」。按，羅漢桂琛又名地藏桂琛，為禪宗青原係八世。
〔註8〕「三元門」即「三玄門」，應係清刊本避康熙皇帝玄燁名諱改字。
〔註9〕原本列舉禪宗、律宗、蓮宗、天臺宗、賢首宗五宗，謂「此五者，本不同」。印光本則又加上了「慈恩宗，秘密宗」，並謂這些宗派是「教跡異，道本同」，顯然更加重視所謂「圓融」。
〔註10〕原本謂「陀耶舍，《十誦律》」，印光本則改為「陀耶舍，《四分律》」，按《四分律》為姚秦佛陀耶舍與竺佛念於長安共譯，下文所稱的法稱、道宣，亦皆以《四分律》命家，顯然原本有誤。

乘。晚學輩，不明惺，執著持，違其本。

　　蓮宗者，始東林，慧遠公，十八人。〔註11〕種白蓮，驗心行，百三十〔註12〕，一土淨。後學者，心不明，徒口誦，弗追尋。念佛決，如母子，子憶母，母憶子，兩憶同，只相視。入其間，見道諦。〔註13〕

　　法相宗，自慈氏，及天親，相論議。紀戒賢，宏西土，玄奘往，始得述。〔註14〕取回京，授窺基，眾學宗，為論師。顯唯識，分性相，果因轉，同圓鑒。《瑜伽論》、《唯識論》、《八識誦》，原二印。

　　天臺教，名性宗，自慧文，觀論通。尊龍樹，遙瞻禮，受三觀，頂初祖。傳思大，禪智者，續章安，皆祖也。

　　賢首宗，本義學，或翻譯，或講說。

　　古之人，心口應，定時說，說時定。今之人，不相應，將錠錫，認作銀。此五宗，皆屬教，十二部，具其奧。有文句，名說通；離文句，名宗通。宗一通，說亦通〔註15〕，只這是，將兼同。

　　瑜伽教，專利幽，勒金剛，始傳流。金剛智，來我東，傳六祖，號不同。〔註16〕三藏傳，慧朗師，至於今，偏習儀。古之人，心地固，化火池，為甘露。

〔註11〕原本「慧遠公，十八人」印光本作「十七人，共追尋」。按，慧遠等「十八賢」之名，見於南宋志磐《佛祖統紀》中，把慧遠包括在內自是十八人，謂追隨慧遠者則為十七人。

〔註12〕原本「百三十」，印光本改作「百廿三」，仍係印光本正確，慧遠等一百廿三人結白蓮社之傳說，亦見《佛祖統紀》諸書中。

〔註13〕原本謂「後學者，心不明，徒口誦，弗追尋。念佛決，如母子，子憶母，母憶子，兩憶同，只相視。入其間，見道諦」，於後世徒事念誦而不務心行者頗有批評。印光則將此段全然改作，其本謂「繼曇鸞，與善導，示專修，最為要。修有四，證不二，惟持名，為最易。三經功，推《彌陀》，攝九界，出娑婆。念佛訣，有三要，信願行，須懇到。離極苦，得極樂，開佛慧，證大覺。一切法，皆朝宗，星拱北，水赴東。」——詳述淨土教義之源流並推崇備至，顯然表現了印光本人最尊淨土法門的思想傾向。

〔註14〕原本「紀戒賢，宏西土，玄奘往，始得述」，印光本改作「玄奘往，稟戒賢，授窺基，得廣傳」。——原本謂「玄奘往，始得述」此語不確，佛家瑜伽行派之學，在北魏時代已由菩提流支、勒那摩提等人傳入華土，在北方成立了地論學派。在南朝的梁陳時期，真諦又將之弘傳於南方，在江南一帶形成了攝論學派，後人稱之「唯識古學」，玄奘所傳則被稱之「唯識今學」。

〔註15〕原本「宗一通，說亦通」，印光本易其一字，謂「宗亦通，說亦通」。蓋吹萬係宗門中人，以宗通則諸教說皆通；印光則宗淨土，固不如是觀也。

〔註16〕原本「金剛智，來我東，傳六祖，號不同」，印光本改作「金剛智，始流通，至震旦，傳不空」。按，原本謂金剛智所傳之「六祖」，敏修注曰：「始傳此土，義解中六人為瑜宗之祖。」然具體所指不詳。

今之人，心地左，以焰口，為奇貨。

《梁皇懺》，因武帝，未登基，為刺史。有夫人，姓郗氏，造業多，落蟒類。為太子，始現形〔註17〕，命寶誌，演其文。禮懺畢，見峨冠，來稱謝，得生天。後行者，主不敬，僧貪利，多不應。

《慈悲懺》，因晁錯，剝七王，地為禍。漢景帝，駕親征，袁盎曰，起錯臣。損一人，救萬姓，斬晁錯，七王聽。袁盎死，轉高僧，戒十世，不能侵。至唐代，號悟達，享懿宗，德乃薄。人面瘡，即晁錯，痛不忍，尋迦諾。蜀彭山，松樹下，掬水澆，怨始罷。以此故，演其文，號《三昧》，令人欽。

為僧者，當守戒，戒生定，定生慧。受飢寒，莫生退，證菩提，多尊貴。如慧聞〔註18〕，守清素，雖講席，利不顧。有賻遺〔註19〕，錢一萬，未終日，俱盡散，爾沙彌，當欽羨。自潔者，如道琳〔註20〕，惡生染，遠女人。眼不見，耳不聞，爾沙彌，當自遵。尊師者，如道安，自形陋，師不然。嘗驅役，入田舍，勤就勞，無怨色。數年後，始讀經，一萬言，日畢精，爾沙彌，當可欽。孝親者，如道丕，父從征，兵中死，母令丕，尋父骨，持經咒，始跳出，非致誠，安感速？爾沙彌，當警述。忠君者，如明瞻，勸太宗，行慈善。六齋日，斷屠殺，行征所，建梵剎，爾沙彌，當自達。有比邱〔註21〕，愛慈物，鵝吞珠，主人出。能救鵝，自被撻，血淋淋，無怨嗟，爾沙彌，當效法。高尚者，如道悟〔註22〕，人主逼，為輔助。屢辭允，始獲免，復垂語，為自勉：益我貨，損我神，生我名，殺我身。入山去，泯其聲，爾沙彌，可自珍。尊重者，如普願，混於樵，不顯見。身蓑笠，自飯牛，不下山，三十秋，爾沙彌，可細求。艱苦

〔註17〕原本「為太子，始現形」，印光本改為「登極後，始現形」。按，《釋氏稽古略》卷二載：「梁帝初為雍州刺史時，夫人郗氏性酷妬既亡，至是化為巨蟒入後宮，通夢於帝，求拯拔。帝閱佛經，為制《慈悲道場懺法》十卷，請僧懺禮，夫人化為天人，空中謝帝而去。其懺法行於世，曰《梁皇懺》。」——似仍應以印光本為是。

〔註18〕原本「慧聞」印光本作「慧開」。按，作「慧開」當是，慧開事蹟見《續高僧傳》卷六。

〔註19〕「賻」字，印光本同。印光本注曰：「『賻』，音『襯』，梵語『達瞡』，此云『財施』。」

〔註20〕原本「道琳」印光本作「道林」。按，作「道林」當是，道林事蹟見《續高僧傳》卷十九。

〔註21〕「比邱」即「比丘」，當避孔丘諱改。

〔註22〕原本「道悟」印光本作「道恒」。按，作「道恒」當是，道恒事蹟見《高僧傳》卷六。

者，曇無竭，至蔥嶺，冬積雪。遭惡龍，雨沙礫，懸岩上，無安足。遇惡象，遇獅子，遭大鵬，遭虎兕。舍衛回，齎經爾，爾沙彌，當志此。感應者，如道生，論闡提，《涅槃經》。有佛性，人不聽，獅子座，誓為證。虎邱山，石點頭，如所說，塵尾遊，爾沙彌，當志修。

經所成，不可忽，宜玩味，宜細讀。能見性，能證佛，勉之哉，吾願足。

《釋教三字經》終

校注後記

通過對勘《釋教三字經》吹萬原本與印光改寫本之同異，可見楊仁山謂印光改訂原文約「十之三」的評價基本屬實。印光本的相關修改，多數屬文字潤色性質，另通過筆者之核查，可見吹萬原本確有不少知識和文字上的錯誤之處（也也不排除部分可能是在重刊傳抄過程中所形成），印光的改寫本，能逐一給予訂正，實頗見用心，亦甚有必要。印光在改寫本中雖出於自身思想傾向，有意提高了對淨土宗的評價，亦在情理之中。然吹萬之原本，本有其《自序》，印光改寫後則重新代撰一篇替換，雖文辭更見曉暢，亦難免略有蛇足之嫌。——至於當代佛教界最通行之蒙學讀物，則為楊仁山之《佛教初學課本》，流傳頗廣的南亭著《釋教三字經講話》，便是依楊氏本而有所發揮。楊仁山之作雖亦以「三字經」為體裁，然較之吹萬、印光之本，所異者十之七八，故更名為《佛教初學課本》以示之別，實其宜也。吾人搜羅故紙，得見《釋教三字經》之最初原貌，固有文獻學、佛教史之重要價值，此自不待言者。

附錄：《釋教三字經》（印光改訂本）

序（代明天啟時蜀東忠州聚雲寺吹萬老人釋廣真作）

人同此心，心同此理。凡聖不二，生佛一如。由迷悟之或殊，致升沉之迴別。大覺世尊，愍而哀之。示成正覺，轉大法輪。本一心以建立，作迷津之寶筏。普欲未來，咸登道岸。故以五時所說，及教外別傳之旨，付諸弟子，命廣流通。由是列宗諸祖，相繼而興。宏宗演教，代佛揚化。迄今世遠年深，事多義廣。若非讀破大藏，妙悟自心。無以測其端倪，得其綱要。每欲撮略梗概，開示後進。因念宋儒王伯厚先生，作《三字經》。以紀夫倫常日用之道，與歷朝治亂之跡。使學者先知其約，後涉其博。幼而學之，壯而行之，立身行道，致君澤民，以復其人性本有之善。遂仿其意，略敘如來降生成道，說法度生。

列祖續佛慧命，隨機施教。及與古德自利利他，嘉言懿行。題曰《釋教三字經》。俾為沙彌時，誦而習之。知佛經之要義，明祖道之綱宗。及其壯而遍閱三藏，歷參五宗。妙悟自心，冥符佛意。方知山色溪聲，咸示第一義諦。鴉鳴鵲噪，共談無上心宗。非同非異，非有非空，即權即實，即俗即真。博之則盡十虛而莫容，約之則覓一字不可得。然後乘大願輪，闡揚法化。普令法界眾生，歸依一體三寶。復本來之面目，傳無盡之心燈。是在後進之發心造修焉，予日望之。

釋教三字經（本宜名文，依俗稱經，說見於後）

空劫前，混沌內，有一物，先天地。在人身，名性體，能為佛，能為祖。故我佛，運無緣，欲度生，示同凡。誕維衛，周昭年，父淨飯，姓瞿曇。太子生，異群倫，灌頂後，遊四門，怖老死，仰慕僧，十九歲，夜逾城。住雪山，六年盈，睹明星，便悟道。圓陀陀，光皎皎，成正覺，出山來。乞七家，檀度開，《華嚴》轉，三七思，二乘人，那得知。屈為小，丈六身，鹿野苑，說小乘。《阿含經》，十二年，父母族，始相傳。方等部，八年運，策跛驢，追神駿。般若會，二十二，蕩執情，成正智。法華會，演八年，記弟子，號金仙。因拈華，示宗要，大迦葉，得法道。一晝夜，《涅槃經》，留《遺教》，垂典型。壽八十，歸真際，雙樹間，吉祥逝。

大迦葉，告眾僧，命阿難，結集經。四《阿含》，五大部，會權實，原不二。集律藏，及諸論，遵佛制，續慧命。佛舍利，三分分，各起塔，培福因。阿育王，造浮圖，仗神力，遍閻浮。造佛像，優填王，若禮敬，證真常。苦海中，施濟渡，諸國土，廣流佈。

夢金人，漢明帝，適千年，合《周記》。求聖教，蔡愔去，經像來，騰蘭至。宏佛法，道徒憎，驗邪正，奏焚經。上元日，築三臺，佛光盛，道經灰。建十寺，安僧尼，佛法興，明帝時。

接佛脈，開宗譜，大迦葉，為初祖。次阿難，續迦葉，為二祖，相傳接。十四祖，號龍樹，造諸論，垂遠示。廿七祖，若多羅，以正法，授達摩。二十八，達摩止，為初祖，東土起。對梁帝，闡宗風，直指性，接人通。帝不會，潛渡江，至北魏，豎法幢，坐九年，只面壁。神光僧，始變骨，雪齊腰，乞甘露。斥輕慢，遂斷臂，更慧可，始安心。付《楞伽》，四卷經，名得髓，天下傳，為二祖，豈偶然？僧璨來，本白衣，懺罪竟，解入微，號三祖，為世依。有道信，慕空宗，求解脫，嗣祖風。遇小兒，周氏生，問何姓，答性空。便契之，即承宗，諱宏忍，位第五，住東山，接六祖。祖初時，為樵客，聽《金剛》，

無住得。稱行者，執負舂，四句偈，便不同。夜三鼓，潛授法，到菩提，始落髮。接門人，四十三，首南嶽，與青原。只傳法，衣鉢定，信者多，免爭競。南嶽下，一神馬，名道一，踏天下。青原下，一祥麟，號石頭，眾中尊。馬祖下，八十三，曰百丈，曰溈山，曰天皇，總同源。百丈禪，黃檗代，繼臨濟，為一派。丈再禪，溈山代，繼仰山，又一派。天皇禪，龍潭代，繼德山，雪峰鼎。到雲門，成一派。峰再禪，玄沙代，繼羅漢，法眼派。石頭禪，藥山代，繼雲岩，洞山價，至曹山，又一派。自餘者，各敷揚，門雖多，一心光。

自迦葉，至六祖，三十三，留偈古。岳、原後，諡禪師，載《傳燈》，天下知。或行棒，或行喝，或揚眉，或瞬目。觀音門，音聲闡；文殊門，借物顯；普賢門，身動靜；三玄門，三要並。真道脈，立禪宗，妄作者，似其同。或禪宗，或律宗，天臺宗，賢首宗，慈恩宗，秘密宗，淨土宗，各相通，教跡異，道本同。

律宗者，始憂波，譯戒本，曇柯羅。安帝時，陀耶舍，《四分律》，譯中夏。魏法聰，稟傳之，至宣師，便廣知。初束身，後攝心，名三聚，實大乘。晚學輩，不明惺，執著持，違其本。

天臺教，名性宗，自慧文，《中論》通。尊龍樹，為初祖，傳思祖，禪智者，續章安，皆祖也。

賢首宗，宏大典，杜順著，傳智儼。賢首述，清涼撰，至圭峰，道更顯。

慈恩宗，始慈尊，授無著，及天親。玄奘往，稟戒賢，授窺基，得廣傳。注《唯識》，宏相宗，因果轉，方有徵。

秘密教，妙莫測，利六道，圓三德。金剛智，始流通，至震旦，傳不空。及慧朗，法嗣窮，行此道，唯海東。古之人，心地固，化火坑，濟飢餓。今之人，心地左，以焰口，為奇貨。

淨土宗，始東林，以果覺，為因心。祖遠公，德可欽，結蓮社，銘山岑。十七人，共追尋，百廿三，悉超塵。繼曇鸞，與善導，示專修，最為要。修有四，證不二，惟持名，為最易。三經功，推《彌陀》，攝九界，出娑婆。念佛訣，有三要，信願行，須懇到。離極苦，得極樂，開佛慧，證大覺。一切法，皆朝宗，星拱北，水赴東。

此七宗，皆屬教，十二部，具其奧。即文句，名說通，離文句，名宗通。宗亦通，說亦通，只者是，無異同。古之人，心口應，定時說，說時定。今之人，言違行，損法身，喪慧命。

　　《梁皇懺》，因武帝，潛龍時，有原配，郗夫人，性妒忌，捨命後，墮蟒類。登極後，始現形，命寶誌，制懺文。禮懺畢，見峨冠，來稱謝，得生天。後行者，主不敬，僧貪利，多不應。

　　《水懺》起，因晁錯，剁七王。地為禍。勸景帝，駕親征，吳相盎，計遂行。袁盎死，轉高僧，戒十世。不能侵。至唐朝，號悟達，享懿宗，德乃薄。人面瘡，殺報作，痛不忍，尋迦諾。至茶籠，僧鬥迀，掬水澆，怨始罷。以此故，演其文，號《三昧》，令人欽。

　　為僧者，當守戒，戒生定，定生慧。受飢寒，莫生退，證菩提，多尊貴。如慧開，守清素，常講演，利不顧。有贐遺，錢一萬，未終日，俱盡散，爾沙彌，當欽羨。自潔者，如道林，惡生染，遠女人。眼不見，耳不聞，爾沙彌，當恪遵。尊師者，如道安，相貌陋，師不譖。役田舍，無怨顏，數年後，始讀經。一萬言，畢日精，爾沙彌，當欽承。孝親者，如道丕，自辟穀，餉母饑。父勤王，霍山沒，母令丕，尋父骨。持經咒，始躍出，非致誠，安感速？爾沙彌，當警述。忠君者，如明瞻，勸太宗，恩廣覃。愛黎民，護飛潛，六齋日，斷屠殺。行征所，建梵刹，爾沙彌，當自達。有比邱，最慈物，鵝吞珠，主惡發。打比邱，擊殺鵝，方告故，主懺摩。爾沙彌，當效佗。高尚者，如道恒，人主逼，為上卿。屢次辭，始獲免，復垂語，為自勉：益我貨，損我神，生我名，殺我身。入山去，泯其聲，爾沙彌，可自珍。遲重者，如普願，混於樵，不顯見。身蓑笠，自飯牛，不下山，三十秋，爾沙彌，可細求。艱苦者，曇無竭，往佛國，遍禮謁。至蔥嶺，履冰雪，遭惡龍，雨沙礫；索為橋，杙登山，求大法，忘辛艱。遇惡象，值群咒，隨海舶，方達此，爾沙彌，當興起。感應者，如道生，論闡提，拂眾情。被擯出，至虎邱，對石說，石點頭。全經至，意相侔，登師座，說已周。塵尾墮，遂神遊，爾沙彌，當勤修。

　　《三字經》，名從俗，文雖略，不可忽。宜玩味，宜細讀，能見性，能證佛，勉之哉，吾願足。

章太炎、呂澂等論學函札輯注

說明

數年前，筆者讀馬勇編《章太炎書信集》（河北人民出版社 2001 年版），見收有章氏致李石岑之書信三通。函中所論，涉及唯識學及中西比較、儒佛異同等諸多重要哲學問題。但該書所收書信均未附對方來函，原編者李石岑之按語，亦皆未錄。章氏於函中提及一位「呂君」，謂「呂君除研法相，兼涉禪宗，誠求之不得者」云云，並對這位「呂君」的種種議論有所商榷。經查證，這位「呂君」便是被藍吉富教授譽為「最有資格睥睨於當代國際佛學界的我國學人」的支那內學院學者呂澂（1896～1989）。關於此一論學公案，就當時所見，學界尚無論及者〔註1〕，更談不上將來往書信整理出來。單從章太炎、呂澂各自的學術史地位來看，他們二人的思想碰撞，其重要性自然是毋須多言的。而呂澂所撰各書信，尚未被收進任何一本已出版的呂氏文集中，不得不說是頗為可惜的遺漏。今將全部有關書信輯錄點校，並對論辯中涉及的一些內容酌加考釋，公諸學林，希望對這一幾乎被淡忘了的論學公案的考掘和鉤沉，能對相關學術領域的研究有所裨益。

〔註1〕 後來在本文撰寫期間，於 2013 年 8 月收到剛剛出版的《漢語佛學評論》第三輯（上海古籍出版社），見編者賴岳山博士在一篇「編者按」中亦提到此章、呂論學之公案，其關注視角可謂與筆者不謀而合。賴先生在文中言其多次查閱文獻未果，並曾託人去查閱四川省圖書館所藏《學燈》縮微膠片，亦未查到。——巧合的是，筆者於 2012 年途經成都時曾親自去查閱過此一材料，見這套《學燈》的膠片始於 1922 年的，而章太炎、呂澂的書信發表於 1920～1921 年間，均未收錄。究其緣故，應是因《時事新報》的《學燈》副刊於 1922 年開始每個月發行一冊當月的合訂本，川圖所藏膠片當是據這些合訂本製作，故自 1918 年發刊至 1921 年的《學燈》均未收錄在內。

另需指出的是，1921年《民鐸》雜誌「柏格森專號」中刊發的呂澂的《柏格森哲學與唯識》、梁漱溟（口說）的《唯識家與柏格森》（羅常培筆記）〔註2〕、黎錦熙的《維摩詰經紀聞跋》諸文中的一些內容，亦或多或少與此論學公案有所聯繫。

國家圖書館所藏《時事新報》，蓋因時間久遠，字跡時有漫漶，雖盡力辨識勘校，恐亦難免有誤，敬希指正。

一

實驗與理想〔註3〕　章太炎

日來與太炎先生頗有學問商量之事，茲函係最近寄餘者。余以函中所論，足以箴乎今好談哲理者匪淺，且由茲函可以覘太炎先生對於新哲學之態度，故表而出茲於此，想太炎先生不以為忤也。（石岑）

（前略）〔註4〕凡學皆貴實驗，理想特其補助，現量即實驗，比量即理想也。外境有顯色、形色、表色可驗，自心非耳目所能現，亦非意識所能入，是以實驗為難。談哲理者多云若者可知，若者不可知。不可知者，特感覺思想所不能到耳。未知感覺思想以外，尚有直覺可以自知也。是故伏斷意識，則藏識自現，而向之所謂不可知者，乃軒豁呈露於前，不煩卜度，無須推論，與夫高言「實在」，冥想「真理」者，真有美玉與燒料之別矣。柏格森氏頗能窺見藏識〔註5〕，但未知其由現量得之耶？將由比量得之耶？鄙人竊謂勃率理窟，非

〔註2〕梁漱溟在此文末附語中說：「余說此既竟，羅君以舊日《時事新報·學燈》李君（謂李石岑。──整理者）與章太炎先生、黎錦熙、呂澂諸君關於此題之討論見示。余初不知有此，可謂疏忽。余於諸先生所論，不欲更有申論；但簡單表示，呂君之言，於佛家一面確是內行而已。漱冥志1921.3.26。」

〔註3〕湯志鈞《章太炎年譜長編》（中華書局1979年版，623頁）中此文存目，不過將發表時間誤作1921年10月5日。

〔註4〕各函中多次出現的「前略」、「中略」、「後略」係原文如此，為《學燈》主編李石岑所加。

〔註5〕從章太炎此論「柏格森氏頗能窺見藏識」推測，此函之撰可能是緣起於李石岑就當時傳入不久的柏格森哲學向章氏諮詢意見。李石岑本人十分推崇柏格森學說，後來他就任《民鐸》主編後專門編輯了一期「柏格森專號」（第三卷第一號，1921年12月），本文所錄章太炎《與呂黎兩君論學書》便刊於這一期上。──有關時人認為柏格森之「生命哲學」可與佛家唯識學相通的觀點，呂澂在《民鐸》「柏格森專號」上的刊文《柏格森哲學與唯識》總結這類看法說：「今人談柏格森哲學，每以能通於唯識為言，蓋謂舉其大端，萬有綿延不絕轉化，與藏識恒轉如流境界正無所異也。」

學之真。此土理學諸師，所以不重晦庵者，正以其好謄口說，於自心初無實驗也。竊觀姚江門下，有羅達夫、王塘南、萬思默三賢，雖未能捨去藏識，而於藏識頗能驗到，亦須費數十年功力。若但刮摩論理，綜合事狀，總之不為真知。莊子曰：「以不徵徵，其徵也不徵。」（後略）

據《時事新報・學燈》1921 年 1 月 5 日

二

關於佛理之辯解　章太炎

日內接呂澂先生一書，對於太炎先生前函論佛理之處有所遮撥，余即取書中要義鈔示太炎先生，冀其答辯，茲即其覆函也。今先將呂先生原函摘抄如左。

（前略）內典之言現量，意云能緣如實以緣所緣，更不雜入名言詮別，如雜詮別，即落比量。非今人所謂實驗理想。豈即以詮別有無為判耶？太炎先生又謂自心非意識所能入，是以實驗為難，意識詎非自心一分，五[註6]、七、八識詎非意識所能遍緣？內二分之互緣，與夫定中意識之緣一切，孰非親證？竊窺其意，蓋執定「伏斷意識，則藏識自現」一語。不知意識之用，不能斷滅，世間之身，除熟睡悶死外，固無間息，即入道以還，亦但簡別相應，轉成無漏。學者著力，正惟此是賴。（我國佛學自禪宗盛行後，謬說流傳，以為宜從斷除意識用功，誤人無限，不可不辯。[註7]）藏識之不現，我見膠執實致之，不必意識之為蔽也。至通常所說伏斷意識，正就其二障功能邊為言，此則見道以去，分別既斷，俱生者亦漸次伏除，至於金剛加行而後全盡。藏識之名，八地已亡，云何伏斷意識而後自現耶？若柏格森之窺見藏識，不過懸想之辭，柏氏之說，自有其固有價值，不能以附會而始貴。（中略）有情世間為正報，器世

[註6] 此「五」謂眼、耳、鼻、舌、身五識，唯識學以意識為第六識。

[註7] 呂澂在此對於禪宗的批判態度與乃師歐陽竟無有所不同，歐陽在 1922 年所作之《唯識抉擇談》中說：「自禪宗入中國後，盲修之徒以為佛法本屬直指本心，不立文字，見性即可成佛，何必拘拘名言？殊不知禪家絕高境界係在利根上智道理湊泊之時。其於無量劫前，文字般若熏種極久；即見道以後亦不廢諸佛語言，見諸載籍，非可臆說。而盲者不知，徒拾禪家一二公案為口頭禪，作野狐參，漫謂佛性不在文字之中；於是前聖典籍、先德至言，廢而不用，而佛法真義浸以微矣。」──歐陽竟無僅批評禪宗的末流現象而未非議其本身。歐陽竟無逝世後，呂澂更於 1943 年發表了《禪學述原》一文，對禪宗思想進行了徹底的否定。

間為依報。依視正為轉移，不能獨變。內典經論，具明此義，即如《維摩詰經》所說淨土各節，闡發更無餘蘊，故於濁世不起厭念則已。如其厭之，則當先厭惡此有情世間也。（後略）

石岑　1月19日

石岑兄鑒：

　　兩接手書。前所謂美術當以身作則者，謂如畫有虎頭，詩有李杜，或雖次之，而各自有特勝，以己所有，為人模範，斯可也。若徒為評論，而拙於自用，何能提倡？（收藏家能評古書畫，究竟不能自為，此無可重。）況評論且不出於心裁，而徒剿襲他人耶？柏格森氏反對主知說，而以生理衝動為言，生理衝動，即是藏識。莊生云：「達生之情者傀（大義），達於知者肖（即小字）」，即同此旨。校從前康德輩甚有進步。或者此公亦曾證到藏識，然不敢斷其然也。

　　呂君所駁三條，今答如左。

　　一、現量即親證之謂，所謂實驗也。各種實驗，未必不帶名想分別，而必以觸受為本，佛法所謂現量者，不帶名想分別，但至受位而止。故實驗非專指現量，而現量必為實驗之最真者。

　　二、前書本云自心非意想所能到，誤書作意識，致啟爭端。所謂自心指心體言之，即藏識也。觸、作意、受、想、思五位，六七八識俱有之。欲證心體，不恃意中想位，而恃意中受位，（實則證外境亦然。證境出感覺，證心由直覺，感覺直覺皆受也。）若徒恃想，則有漢武見李夫人之誚。至於思則去之益遠矣。（凡諸辯論，皆自證以後，以語曉人耳。若無自證，而但有辯論，譬瞽師論文采，聾丞論宮商，言之雖成理，終為無當。）

　　三、佛法果位不厭器世間，知本無器世間也。不悲愍有情世間，知本無有情世間也。（此中慈悲喜捨，皆由本願流出，非當時有此心。）若在因地則不然，四諦以苦為首，由苦入道，所謂苦者，即厭此三界也。自既厭此三界，而更悲愍眾生，欲與共脫此系，是未嘗厭有情世間也。若不厭三界，是即人天乘，若並厭眾生，是即小乘。（小乘利己）夫豈正報依報之說所能把持哉？（呂君所疑，蓋謂鄙意以佛法為愛戀人趣，人趣不能出此器界，故以正報依報不能相離為說，此乃以辭害意。）至于果位，加〔註8〕夢渡河，則前者皆如幻影矣。

〔註8〕原刊如此，「加」似應為「如」字之誤。

章炳麟白　十七日

據《時事新報・學燈》1921 年 1 月 19 日

三

作用即是性〔註9〕　黎錦熙

頃得吾友劭西一函，對於前次章太炎先生來函論佛教之處，有所發揮，頗□〔註10〕新解。劭西年來於國語研究之外，復出其餘力，究心佛教哲□〔註11〕，由茲函所論，即可窺其最近之心得。惟同時復接得呂澂先生一函，則對於太炎先生前函之答辯，更加以猛烈的攻擊，將於明日於本欄布之。真理愈討論而愈明，原無所用其諱飾，余雖以劭西私函出之於眾，想亦劭西所樂許也。（石岑）

（前略）頃見《學燈・評壇》〔註12〕，知兄與太炎先生月來有學問商量之事，章氏所論實驗、理想與現量、比量之關係，與姚江門下以數十年功力伏斷意識而現藏識，皆精到之譚。弟所欲撰之教育哲學之批評一文，用意大體，亦是如此。惟妄欲更有所進，蓋從禪宗「作用是性」之一點，實可將意識與藏識打成一片。不但意識也即山河大地，一切現實的世界，無非藏識所顯。又不但山河大地也，過去未來無量劫之時間，亦無非藏識所流。故意識、空、時等一切相，皆以此藏識為本體。離本體即無作用，離作用亦無從見本體。故曰「作用是性」。──離藏識固無處覓性，即離意識、空、時等等亦復無處覓藏識也。對性而言，藏識與意識、空、時等等同是作用，即同是相。若絕對的說來，作用之外，有何本體！相之外更有何性，故曰作用即是性也。此非襲明末唯識諸家性相通〔註13〕之譚，蓋徹底的研究相宗者，勢必通於禪宗也。王門諸賢，與其謂得力於唯識，毋寧謂其得力於禪。果驗到藏識矣，一轉即成性耳。弟於近世教育學說中，獨有契於最近之 Rco□□□〔註14〕，亦謂其不離諸相，而識得

〔註 9〕此文於黎澤渝編《黎錦熙著述目錄》（書目文獻出版社 1996 年）中存目，見該
　　　　書第 16 頁。
〔註10〕此字原刊不清晰，似「饒」字。
〔註11〕此字難以辨認，疑應為「學」字。
〔註12〕「評壇」係《學燈》副刊欄目之一，主要刊登評論與爭鳴性質的文章。此一論
　　　　學過程中刊於《學燈》上的往來各信函均發表於該欄目。
〔註13〕「性相通」原文如此，疑當作「性相相通」。
〔註14〕此處應為一西文人名，原刊難以辨識，待考。

「恒轉如暴流」者之識體，只要不執著，即是證得性體矣。所謂「識得灑掃應對，便是精義入神」，即此義耳。（後略）

據《時事新報‧學燈》1921 年 1 月 24 日

質太炎先生　呂澂

某前寄書辨太炎先生立說之非，今於報端見其解答，置「伏斷意識則藏識自現」一義不論，臚列其餘為三端，見解俱不免於錯誤，請得更分論之。

其一：現量、比量與實驗、理想，義涵自別，原不相當。太炎先生必強同之，曰現量即實驗，比量即理想，繼知其難可通，又易辭言之曰：「實驗非專指現量」，佛學家□心□量境〔註 15〕，不過現、比。實驗既非專指現量，必更有指比量者，比量所謂即是理想，安得更通於實驗？似此似是而非之論，又安足為學之所貴？

其二：觸、作意、受、想、思五者為遍行心數，一切時、一切心中，無不相俱而起，現量時固悉有之，比時量〔註 16〕亦莫不俱之，安得強為分別，以必本觸受一義，判實驗與理想？又安得強為次第，（《百法》光疏〔註 17〕謂，作意已，心觸前境，名之為觸。似有先後，此實錯解，不可為據。〔註 18〕）而謂現量則及受而止，親證則恃受位耶？在太炎先生之意想，謂於境取像為性，施設種種名言為業，曰現量親證，則不帶名想分別，故不可以有想。庸知想有施設名言之用，原非一時而有（《三十述記》〔註 19〕謂，要安立境分齊相，方能隨

〔註 15〕「□心□量境」，第一字難以辨識，第三字漫漶，痕跡略似「之」字，根據後文章太炎的《與呂黎兩君論學書》中所引，此句為「言心之量境」。

〔註 16〕原文如此，當作「比量時」。

〔註 17〕「《百法》光疏」指唐代僧人普光為《百法明門論》所作之疏解。普光為玄奘弟子，《宋高僧傳》卷四說他「請事三藏奘師，勤恪之心，同列靡及」。——各信之原文均無書名號，本文出現之書名號皆筆者所加。

〔註 18〕按：由此處呂澂對玄奘弟子普光見解的批評可見，呂澂雖主張唯識學，其所在的支那內學院更標榜繼承玄奘的未竟之業，但他們的學說卻自成系統，未必全然以玄奘之唯識舊說為準繩。呂澂在 1962 年與巨贊法師的論學書信中竟謂玄奘亦有頗多誤譯，認為「玄奘諸譯並非百分之百的正確，其中有意的改動，無意的錯落，甚至由於不得其解而流於含渾，實例甚多」。（見《探討中國佛學有關心性問題的書札》，黃夏年主編《巨贊集》，中國社會科學出版社 1995 年，303 頁）

〔註 19〕《三十述記》，即〔唐〕窺基之《成唯識論述記》。因《成唯識論》是玄奘對古印度世親的《唯識三十頌》的解說，故這裡簡稱為「三十述記」。

起種種名言，□〔註20〕言方言，皆明其非是一時。）且名言尤有相之一義，（名言種子，別為二類，亦屬此意。）故五識起時，與想相應，正無害其為現量，同時意識起時，初與想、數相應，亦得成其現量。乃至親證自心，亦必與想相應，而猶屬現量。太炎先生謂本欲言「自心非意想所能到，誤作意識，致啟爭端」。竊謂如於原文改易二字，尤不可通。即以文句言，既曰「自心非意想所能到，是以實驗為難」，逆其辭意，不將謂意想所能到者，乃易實驗耶？此但自相矛盾耳，安足深辯？至於受之一心數，意謂領納順達，俱非境相，其實有苦、樂、不苦、不樂之分，此正與今日心理學上之感情相當。謂為感覺、直覺，已屬大非，更謂欲證心體必恃此位，尤為無據。心體之言，當目真如，藏識不過從相用立名，故依攝論家言，可以無漏種子，對治淨盡，既有消長，明知非體〔註21〕，（自來研求佛學者，於此辨別不清，混言體用，遂多隔膜，此在西方先哲，亦所不免，有如馬鳴者之著《起信》，初以體目真如，後復有真如、無明互相薰習之說，實為語病。〔註22〕）要言其實，流轉還滅，都屬用邊，藏識無它，無關本體。唯識家究用至於其極立種子義，亦但謂生自果之功能，其義仍就用立，此實其最精之處也。故言心體，只有真如。親證真如，唯根本智，此亦必與五遍行心數相應。特以分別二執既亡，故得冥證。非獨恃受位而可至也。太炎先生謂凡諸辯論，必先之以自證，竊謂亦不盡爾。自證之先，必有正

〔註20〕此字不清，似「隨」字。

〔註21〕此處呂澂認為藏識中的種子時時有消長，有漏種子最終可能轉變為無漏，是不恒定的，所以不應作為本體來理解，認為佛教的本體應是真如。這種看法顯然應源於乃師歐陽竟無（參見氏著《唯識抉擇談》中所論的「四重體用」），不過，後來呂澂似又根本否定了可以用體用觀來理解佛學，如他在為湯用彤《漢魏兩晉南北朝佛教史》的審查書中說：「實則佛教從無本體之說，法性法相所謂真如實相者，不過為其『轉依』工夫之所依據」云云。

〔註22〕關於對《大乘起信論》的看法，呂澂此時亦與乃師歐陽竟無一樣，斷定其為一部「非了義」也就是不究竟的佛籍。到了1922年後，梁啟超撰《大乘起信論考證》，將日本學者考證《起信論》為中國人偽造的看法介紹至中國，內學院此後亦一律認定《起信論》為華人偽造，大加批判。1962年，呂澂發表《起信與禪──對於〈大乘起信論〉來歷的探討》一文，進一步考證其非印度原典。──而對於章太炎而言，他在梁啟超發表《大乘起信論考證》之前已經注意到了日本學者的辨偽，曾撰有《大乘起信論辯》，維護此論為印度馬鳴所撰的說法，並斷定是龍樹以前所出。章氏青年時本由閱讀《起信論》而入佛學之門，謂「一見心悟，常諷誦之」（《太炎先生自定年譜》），其平生佛學思想，受《起信論》的影響極大，如其在自詡「一字千金」的《齊物論釋》中，對於唯識學的理解亦帶有《起信論》的真如緣起模式的痕跡。顯然，對於唯識學體系的理解模式不同，是章太炎、呂澂佛學分歧的根本所在。

解，乃為切實，（即如辯論佛理，既未入道，一切境界何從親證？此但有依據，佛說而已。）否則即謂由自證來，亦但成其外道邪見耳。

其三：四諦之苦，並指有情世間及器世間而言。《雜集論》文，可為明證。某前書謂當厭有情世間，亦但言觀此眾生身為不淨、為無常、為眾苦所集，不起欣求而已，非謂直厭棄一切眾生不顧也。（原書末，曾附注數語，即明此意。）

佛教各宗，唯識法相，義理最晦奧難言，自宋以來，解者中絕，幾及千載，晚近識者漸眾，然其大較尤未全明，矧論細末。故立說者不可更以依稀彷彿之談，轉相混惑，某於太炎先生之說，不厭反覆辨析者，亦惟此旨。（後略）

據《時事新報·學燈》1921 年 1 月 25 日

四

與呂黎兩君論學書　章太炎

石岑我兄鑒：

來書具悉。呂君除研法相，兼涉禪宗，誠求之不得者。（此公與黎劭西何處人？暇望示其行跡，並願介紹得交。）與僕相持，正資切磋之益；而僕擾於人事，學殖荒略，往往不暇問難。就所指駁，還答如左；本非求勝，亦取各言爾志之義。

呂君云：「佛家言心之量境，不過現比與非〔註23〕。實驗既非專指現量，必有更指比、非者。比量即是理想，安得更通實驗？」按佛家本有勝義諦、世俗諦之分；近代所謂實驗，多依世俗諦言。如視覺有光，觸覺有熱，此現量也。名之為火，此非現量也；更起火必有光有熱之說，此尤非現量也。而世俗諦中，無妨並後二者說為實驗，是以實驗不必悉是現量。然此實驗終以視覺有光，觸覺有熱為依據。故與未視未觸而專以理想構成者，有不同矣。（如前所云，心體非意想所能到，是以實驗為難，亦謂世俗諦中所稱實驗耳。）

呂君云：「五遍行心數，一切時、一切心中，無不相俱而起，親證時亦莫不具之。」按唯識宗諸論理，五遍行境與六、七、八三識相應，同時俱轉，非謂此五心數俱時而起。大抵苦受樂受，往往依次流入想位；若捨受則不必然。

〔註23〕按：「非」謂佛教知識論中的「非量」，意為「錯誤知識」。不過章氏此處所引用的，與呂澂原文有異，呂氏未言及非量。

如人一生，呼吸各半；吸時常領納空氣，豈常起空氣想？又如白晝，無時不領納光明，豈常起光明想耶？由是以觀，至受位而不至想位者多矣，況於思也。若謂親證時具五心數，夫以加趺宴坐，妨其運動，而尋求造作之念不絕，病且隨之矣，況能入道耶？

　　黎君所引作用是性，禪家偶一及之，原非彼宗通論。格以唯識宗義，此性指何性耶？蓋依他起自性云爾。上非圓成實自性，下非遍計所執自性。

　　復次，黎君云：「王門諸賢，與其謂之得力於唯識，無寧謂得力於禪語」自無過，諸賢蓋嘗覽《傳燈錄》，未嘗用心於瑜伽諸論也。然唯藏識為人所同具，故所證不能離此。亦唯諸賢未用心於瑜伽諸論，故雖見藏識，而不能為之名。今僕從後質定，則謂之見藏識耳。其所稱「幾」、「生機」、「生生不息」等語，皆即此恒轉如暴流者也。以其不曉轉依，故執此而不捨。至於宴坐止觀，此本諸宗與外道所同有。王門得力於禪，非定是禪宗也。以此發明八識，頗亦相合。黎君又言「心體之言，當目真如，藏識不過從相用言」，斯語亦近之。然真如心體，本在藏識之中。《密嚴》所云：「佛說如來藏，以為阿賴耶；如金與指環，展轉無差別」是也。藏識相用，與真如不同，而心體未嘗有異。若謂藏識只是相用，斯僻矣。至謂作用之外，有何本體？然則佛舍藏識，竟是捨其本體，成為斷空矣。（此種辯論，為般若、法相奮死相爭之事。）

　　呂君云：「離意識、空、時等，亦無處見藏識」。然則熟睡無夢，意識與對境之空時，皆已中斷；彼時藏識亦斷否？藏識果斷，非死即入涅槃矣。呂君之為此論，蓋猶未脫康德之藩籬。

　　呂君云：「某前書謂厭有情世間，亦但言觀此眾生身為不淨，為無常為眾苦所集，不起欣求而已。非謂直厭眾生不顧也」。此則文句雖與僕殊，義解還與僕合。夫亦相視而笑，莫逆於心矣。

章炳麟白

　　呂秋逸、黎劭西兩兄致不佞書，皆係與太炎先生討論佛理之文字，早經揭之《學燈》；茲函寄到時，余已離時事新報館，故於本誌發表。

石岑附白

據《民鐸》雜誌第 3 卷第 1 號，1921 年 12 月

五

答章太炎先生論佛理　呂澂

石岑吾兄：

得《民鐸》雜誌悉太炎先生於弟前函覆有答辯，所言遍行五數、體用等義，皆與經論不符，因就原書更一辨之。

原書云：「按唯識宗諸論理，五遍行境與六、七、八三識相應，同時俱轉，非謂此五心數俱時而起。」此與《大論》〔註24〕不符，《大論》第三，以四一切辨五位（心所）差別，謂一切處、一切地、一切時、一切耶，遍行皆具。《三十唯識》第五引其文，以一切耶為一切俱。窺師〔註25〕《述記》解，俱者謂定俱生故。又窺師於《雜集述記》第八亦謂，心所有五法起，一必五俱，謂遍行五。可知遍行起必俱起，並無次第之義。

原書云：「若謂親證時具五心數，夫以加趺宴坐，妨其運動，而尋求造作之念不絕，病且隨之矣，況能入道耶？」此謂親證真如時不具五數，與《攝論》《對法》俱不符。世親《攝論》第八，無分別智離五種相以為自性，第三離想受滅寂靜故。釋云：「滅定等位無有心故，智應不成。」《對法》第九亦云：「見道謂世第一法無間無所得三摩地，缽羅若及彼相應等法為體相」。慧沼《義林補闕》第八釋此文，謂以二十二法心及心所以為體性。可見親證真如時心無不成，無五遍行數亦不成，豈如原書所辨，必宴坐不觀，無異守屍，乃能入道也？

原書云：「然真如心體，本在藏識之中。《密嚴》所云：『佛說如來藏，以為阿賴耶；如金與指環，展轉無差別』是也。藏識相用，與真如不同，而心體未嘗有異。」（此段所對「心體之言，當目真如，藏識不過從相用言」數語，原見兄弟函，章先生乃誤以為黎君之說；又以「離意識空時等，亦無處覓藏識」一語誤歸諸弟，實弟與黎君所見懸絕，安得無別？）此與《唯識》不符，又失《密嚴》本意。《三十唯識》第八、第十皆謂真如是識實性。窺師《述記》亦謂識雖不變，離識外無，故真如性得名唯識。可見如之於識，但屬不離，非謂識能藏如，又非識別有體與如無異，更非真如別有相用不同於識。（唯識經論中同言一性，有謂自相，有謂實體，故三自性依他則自相，圓成則實體；不可例圓成於依他，而說別有實體。同言一相，有謂相狀，有謂體相，故三自相依

〔註24〕唯識學者多稱《瑜伽師地論》為《大論》。
〔註25〕「窺師」即玄奘弟子窺基。

他則相狀，圓成則體相；不可例依他於圓成，而說別有相狀。此等處皆須細心分別乃能應理耳。）《密嚴》云：「如來清淨藏，亦名無垢智」，此謂如來藏即淨第八。又云：「如來清淨藏，世間阿賴耶，如金與指環，展轉無差別」，此謂淨識染識，非有異體，但有別用。可見《密嚴》原頌亦止談識，亦止說用，詎可以如來藏誤作真如耶？

又《楞伽》五法，於分別、正智而外，更說如如；體用分明，本不相濫。然自宋以來，儱侗立說，講求偽學，為害無窮，淆用於體，因體滅用，今人遂有佛法反對人生，甘趨寂滅，而大倡異說者，此誠不知佛旨之所在也。真如凝然，一切法體；無不相離，有為乃相離耶？亙古此體，亙古此用；三途有佛性，大覺乃無生滅耶？此即時人錮弊之一端，而吾輩論學不可不加鄭重者，因連類及之。又今時人以其偏私之見，解說儒書，歐師近有小文一篇，錄呈一閱，亦可知其有慨乎言之也。能載諸《民鐸》以饗國人，而示之的，亦佳，余不白。

一月十五日　弟呂澂拜上

《尊聞居士集》敘〔註26〕

「西江學」向上一著，馬祖、曹山、洞山、石碧，授記應化，甚盛哉，得未曾有！儒而釋者，王半山、陸象山、陽明講學於贛，及門羅念庵者，皆是。然偏得玄理，不敢昌言佛。昌言佛者，最近世有瑞金羅臺山，吾友九江桂伯華。臺山精訓詁，嫻音韻，能文章；伯華治經專今文，而工詩。臺山信因果，信淨土，究其所亟在向上一著；伯華於因果綦信，而由華嚴以直探秘密。臺山不遇，發憤求友，窮走於四方，家庭衰落，不幸而蚤世；伯華不遇，發憤求友，窮走海內外，家庭衰落，而終身不娶，死於日本。臺山友彭二林，伯華得事深柳大師，早聞淨學，都不自足，窮其所向，垂乎成，乃不獲昌其道於天下，齎志以沒世，悲哉！然其干雲直上之思，不顧一世之概，艱苦卓絕之行，奮乎百世上下，聞者已莫不奮起也。夫道，一而已矣，異儒異釋者，非是。夫用，各當其時而已矣，同儒同釋者，非是。夫行，亦得其至而已矣，跡儒跡釋者，非是。狀寂靜如如曰不生不滅是體，狀宛然相幻曰生滅是用；然不可外生滅而不生滅，不可外不生滅而生滅，體不離用，用不離體，而又

〔註26〕此文為呂澂所附，歐陽竟無所撰。

非實有其體，實有其用；苟不固聰明睿智達天德者，其誰能知之？一為無量，無量為一；以指錐瀛，傾海顛動，都無分具，但一真是常。是故不觀六合之外，不足以知一室之內也。不窮無聲臭之天，何所依而須臾不離也？不察乎天地，何所事而好察邇言也？不能盡其性，盡人性，盡物性，贊天地之化育，又烏足以至誠而時措之宜也？非無所不用其極，又烏能思不出其位也？執兩端而後中可用也，舉一隅而必以三隅反也，一陰一陽之謂道也。「顏淵問仁，子曰：克己復禮為仁，一日克己復禮而天下歸仁。」不克己，不能復禮；然不知禮，又烏能知己？非天下歸仁，又烏足克己？有生知、學知、困知，有安行、利行、勉行，有知命、耳順、從心。蓋孔子之道，精微而廣大也，中庸而高明也，而數千年來不一相似者，何也？此亦講學者之過也，原始返終，故知生死之說；精氣為物，遊魂為變，故知鬼神之情狀。然而聞三世因果輪迴之說而駭然者，何也？人固有超脫之思，荒遠之志，而必拘九州之方域，數十周之寒暑，數千年之史事，以為如此則儒，不如此則不儒也。率天下之人，幽錮戶牖，終古無見天日之期者，不仁哉，講學家也！生也，而不知不生；樂也，而終不免有著；一貫也，而終不知兩端；中庸也，而不知高明；仁者人也，而不能知天；道其所道，非孔子之道也。吾不敢謗孔，稱心而談：《周易》、《中庸》語焉不詳；三藏十二部，曲暢其致；研藏以聞道，聞道以知孔，斷斷然也。周邦道以《尊聞居士集》請敍，夫居士昌言佛，則至誠不渝之言也；天下羅有高者，豪傑之士也；敍之以告儒者。

據《民鐸》雜誌第 3 卷第 2 號，1922 年 2 月

譚嗣同《仁學》中的佛教術語釋例

　　近代思想啟蒙的重要文獻譚嗣同（1865～1898）《仁學》之成書與佛教具有密切關係。譚嗣同曾於 1896 年 7 月前後拜訪南京的金陵刻經處，師從「近代佛學復興之父」楊文會居士（1837～1911）研習佛學，成為其入室弟子。此期間他曾致信於其早年師長歐陽中鵠（1849～1911）謂：「固知官場黑暗，而不意金陵為尤甚。……幸有流寓楊文會者，佛學、西學，海內有名，時相往還，差足自慰。凡此諸般苦惱，皆能以定力耐之」（《上歐陽中鵠書十》）。〔註1〕也正是在這一年，譚嗣同開始動筆撰寫《仁學》，據他自述，《仁學》撰寫動機之一便是為佛教「暢演宗風，敷陳大義」（《致汪康年・三》）〔註2〕。書中將佛學置於古今中外之諸文化形態的最高位置，認為在佛教、儒教、基督教的次序上「佛教大矣，孔次大，耶為小」（《仁學・二十七》）〔註3〕，甚至認為西學亦源於佛學，並與之相輔相成——「故嘗謂西學皆源於佛學，亦惟有西學而佛學乃復明於世」（《仁學・十七》）〔註4〕。譚嗣同好友梁啟超則認為，《仁學》是一種可經世致用的「應用佛學」〔註5〕。

　　《仁學》一書中涉及的主要哲學概念較多，諸如「仁」「通」「以太」「心力」等等，譚嗣同在論述它們之間的關係時層次不甚明晰，頗令人難以捉摸，時人章太炎先生謂其著「雜糅」〔註6〕，也並不是無因之談。在如何理解這些

〔註1〕蔡尚思，方行編：《譚嗣同全集》，北京：中華書局，1998 年，468 頁。
〔註2〕蔡尚思，方行編：《譚嗣同全集》，北京：中華書局，1998 年，493 頁。
〔註3〕蔡尚思，方行編：《譚嗣同全集》，北京：中華書局，1998 年，333 頁。
〔註4〕蔡尚思，方行編：《譚嗣同全集》，北京：中華書局，1998 年，317 頁。
〔註5〕梁啟超：《論佛教與群治之關係》，見《梁啟超佛學文選》，武漢：武漢大學出版社，2011 年，413 頁。
〔註6〕章太炎：《太炎先生自定年譜》，上海：上海書店，1986 年，5 頁。

範疇的主次差別上，學界目前仍然眾說紛紜，尚未形成統一的意見。但我們若認識到佛學在《仁學》成書過程中所起到的重要影響，針對《仁學》中的有關佛教的術語進行解讀，或應可從中清理出一些頭緒。

一、華嚴宗「華藏世界」與《仁學》的世界觀

　　譚嗣同在《仁學・界說》中開宗明義地指出：「凡為仁學者，於佛書當通華嚴及心宗、相宗之書」〔註7〕，將佛教中的華嚴宗、禪宗（心宗）、唯識宗（相宗）作為其理論體系形成的首要基石。其開篇第一章即說：「遍法界、虛空界、眾生界，有至大、至精微，無所不膠黏、不貫洽、不管絡、而充滿之一物焉，目不得而色，耳不得而聲，口鼻不得而臭味，無以名之，名之曰『以太』。」「恒河沙數世界海為一世界性。恒河沙數世界性為一世界種。恒河沙數世界種為一華藏世界」。〔註8〕這裡的法界、虛空界、眾生界；世界海、世界性、世界種、華藏世界等概念皆出於佛教的《華嚴經》中，《華嚴經》中認為，一切世界皆是毗盧遮那佛法身所顯現，由寶蓮花中包藏的無數小世界組成的，故名「華藏世界」，即是一切世界的總稱，在華藏世界之下，還可細分為世界海、世界性、世界種等層次。——所謂「華藏世界」也就是佛教中所常言的「法界」。華嚴宗對於世界的理解，認為有限與無限相互包含，一就是一切，一切也就是一，這便是該宗派最根本的宗旨「法界緣起」。

　　「法界緣起」是漢地佛教華嚴宗人基於《華嚴經》的義旨而建立的。唐代智儼在《華嚴一乘十玄門》中說：「《華嚴》一部經宗，通明法界緣起。」〔註9〕而後經法藏等華嚴祖師的推闡，成為華嚴宗的核心教義。法藏在《華嚴三寶章》中謂：「夫法界緣起，無礙容持，如帝網該羅，若天珠交涉，圓融自在，無盡難名。」〔註10〕可見法界緣起的相貌就是無盡圓融。諸法就是宇宙的森羅萬象，具足一切法，叫做法界。法界的一切法相即相入，互為緣起，以一法成一切法，以一切法起一法，相資相待，互攝互容，如印度傳說中的「因陀羅網」一樣，重重無際，微細相容，主伴無盡，故謂「一即一切，一切即一」。——顯然，譚嗣同借華嚴宗法界緣起的術語體系，構建出一幅交相涵涉，廣大莊嚴的《仁學》「華藏世界」。——對此，我們尚可以印證於《仁學界說》中的如下論述：

〔註7〕蔡尚思，方行編：《譚嗣同全集》，北京：中華書局，1998年，293頁。
〔註8〕蔡尚思，方行編：《譚嗣同全集》，北京：中華書局，1998年，293～294頁。
〔註9〕《大正藏》第45冊，514頁。
〔註10〕《大正藏》第45冊，620頁。

　　不生不滅仁之體。

　　不生與不滅平等，則生與滅平等，生滅與不生不滅亦平等。

　　生近於新，滅近於逝；新與逝平等，故過去與未來平等。

　　有過去，有未來，無現在；過去、未來皆現在。

　　仁一而已，凡對待之詞皆當破之。

　　破對待，當參伍錯綜其對待。

　　參伍錯綜其對待，故迷而不知平等。

　　參伍錯綜其對待，然後平等。

　　無對待，然後平等。

　　無無，然後平等。……〔註11〕

　　這些表述的關鍵，在於「平等」一詞。在譚嗣同看來，無論是時間性的過去未來，還是萬有存在的一切個體，在究極的意義上，均可泯除差別，「平等」而終為一體之仁。這種思維方式，將一切現象界的差別均理解為究極意義的圓融無礙，顯然便是華嚴宗的法界緣起義理套上了「仁」的外衣而重現了，並作為邏輯結構貫穿於《仁學》全書。

　　將華嚴「華藏世界」理境下開顯的「平等」觀念投射在社會關懷之維度，則衍生出譚嗣同尖銳批判專制君權的民主思想，如他所說：

　　生民之初，本無所謂君臣，則皆民也。民不能相治，亦不暇治，於是共舉一民為君。夫曰共舉之，則非君擇民，而民擇君也。夫曰共舉之，則其分際又非甚遠於民，而不下儕於民也。夫曰共舉之，則因有民而後有君；君末也，民本也。天下無有因末而累及本者，亦豈可因君而累及民哉？夫曰共舉之，則且必可共廢之。君也者，為民辦事者也；臣也者，助辦民事者也。賦稅之取於民，所以為辦民事之資也。如此而事猶不辦，事不辦而易其人，亦天下之通義也。

（《仁學·三十一》）〔註12〕

　　在《仁學》中，譚嗣同亦多以「法界緣起」中之體用相融、現象相即關係的「一入一切，一切入一」之義理來解釋世界表象遷流不息的運動變化：

　　不生不滅烏乎出？曰：出於微生滅。此非佛說菩薩地位之微生滅也，乃以太中自有之微生滅也。不生不滅，……一切入一，一入

〔註11〕蔡尚思，方行編：《譚嗣同全集》，北京：中華書局，1998年，292頁。

〔註12〕蔡尚思，方行編：《譚嗣同全集》，北京：中華書局，1998年，339頁。

一切，……一刹那頃，已有無量佛生滅，已有無量眾生生滅，已有

無量世界法界生滅。(《仁學·十五》)〔註13〕

這些現象界的生滅變化的根本來源，譚嗣同亦委諸《華嚴經》所言的「三界惟心」與「一切惟心所造」〔註14〕。在人生觀上，譚嗣同則以華嚴宗「一多相容」之義理解「無人我」之境界，他說：

一切眾生，並而為我，我不加大；我遍而為一切眾生，我不減

小。故名之曰：「一多相容」。一多相容，則無可知也。自以為知有

我，逝者而已矣。(《仁學·十六》)〔註15〕

顯然，譚嗣同在華嚴宗「華藏世界」等術語體系的啟發下，開出其「我即眾生，眾生即我」的理念，認為一切眾生之苦難己身責無旁貸，由此引發其獻身於維新事業的堅定信念。從圓融萬有存在到圓融人我之分，這也使得《仁學》的世界觀與人生觀在邏輯結構上前後一貫。

二、作為「唯識之相分」的「以太」

六七十年來，國內學界頗受前蘇聯「唯物」、「唯心」之非此即彼且截然對立的二分法來理解思想哲學史，其中「唯物」意味著革命和進步，「唯心」則意味著反動和落後。毋庸諱言，這種將馬克思主義的庸俗化解讀〔註16〕，用來理解哲學史的思路至今仍存在其影響。由於譚嗣同作為維新志士，屬「先進的中國人」，故將其思想定性為「唯物主義」的觀點一直頗為流行。其早期代表，如楊榮國的《譚嗣同哲學思想》(1957)、楊正典的《譚嗣同——近代中國啟蒙思想家》(1955) 等多作如是說法，其提出的理據，便是將《仁學》中的一個重要哲學範疇「以太」定性為物質第一性。「以太」是古希臘哲學家所設想的一種物質，被認為沒有質量且無所不在。17～19 世紀的西方科學家認為它不但彌布於所有空間，而且是傳播光、熱等各種能量的媒介。《仁學》試圖把宇宙萬物的存在理解為「以太」的存在：

遍法界、虛空界、眾生界，有至大、至精微，無所不膠黏、不

〔註13〕蔡尚思，方行編：《譚嗣同全集》，北京：中華書局，1998 年，312～313 頁。

〔註14〕蔡尚思，方行編：《譚嗣同全集》，北京：中華書局，1998 年，313 頁。

〔註15〕蔡尚思，方行編：《譚嗣同全集》，北京：中華書局，1998 年，315 頁。

〔註16〕馬克思本人的著作裏並沒有任何與將哲學史機械劃分為唯心、唯物二元對立的說法，有人考證其來源是出自前蘇聯總管意識形態的日丹諾夫（1886～1948）在 1940 年代正式提出。參見張亮：《政治的邏輯與哲學史——重讀日丹諾夫 1947 年 6 月 24 日的講話》，《學術界》2006 年 3 期。

貫洽、不管絡、而充滿之一物焉，目不得而色，耳不得而聲，口鼻
不得而臭味，無以名之，名之曰「以太」(《仁學‧一》)〔註17〕。

不過，若依此便將「以太」視為譚嗣同《仁學》中第一位的概念，尚難以
圓滿，因為《仁學》中還有明確的矛盾的說法：

以太也，電也，粗淺之具也，借其名以質心力。(《仁學界說》)
〔註18〕

在譚嗣同看來，「以太」只是附麗於「心力」的「粗淺之具」，在究極的意
義上絕非第一性的，所以，以「以太」為據而將譚嗣同的思想理解為「唯物主
義」，顯然不能自圓其說。故後來的說法不得不繞一些彎子，變得更加巧妙
了，如李澤厚謂：

譚氏……是在構造一個唯心主義的體系。但是，在實際上，譚
氏整個哲學卻主要不是建築在「心力」這個精神概念上，而是建築
在「以太」這個物質概念上，「以太」在其哲學中佔據著比「心力」
遠為重要的基礎地位。〔註19〕

這裡的關鍵問題，在於「以太」在譚嗣同的思想中，是不是如李澤厚氏所
說的，乃是「物質概念」，事實上，若細讀文本，仍然可以找到一條直接的否
定證據：

以太者，亦唯識之相分。(《仁學‧二十六》)〔註20〕

前人的研究中，很少重視對這一論述的解讀。在此，譚嗣同用佛教唯識學
術語的「相分」來看待「以太」，所謂「相分」，是唯識學將人的認識功能分為
「四分」，為見分、相分、自證分、證自證分。雖相分與見分相對，「相」的意
義是相狀，謂認識和感知的對象，但皆統屬於第八識阿賴耶。在唯識學看來，
認識的過程是在阿賴耶識內部進行的，「相分」也是人的主觀認識的部分功
能，是第八識自身變現的現象，在究極的意義上並非認為外境真實存在，此為
唯識學「唯識無境」之根本教理。——顯然，在譚嗣同運用佛教術語的詮釋下，
「以太」的物質性質，基本上消解了。正如島田虔次教授所言：「《仁學》的以
太說無疑是立足於『心力』或『識』之上的徹底的唯心論」，用島田氏頗帶點

〔註17〕蔡尚思，方行編：《譚嗣同全集》，北京：中華書局，1998年，293頁。
〔註18〕蔡尚思，方行編：《譚嗣同全集》，北京：中華書局，1998年，291頁。
〔註19〕李澤厚：《中國近代思想史論》，北京：人民出版社，1979年，228～229頁。
〔註20〕蔡尚思，方行編：《譚嗣同全集》，北京：中華書局，1998年，331頁。

幽默味的話說，乃是「激進的超級主觀唯心論」。〔註21〕

三、《仁學》中的「群學」並非社會學（Sociology）

《仁學·自敘》中以下這段話經常被各種著作引用：

> 網羅重重，與虛空而無極；初當沖決利祿之網羅，次沖決俗學
> 若考據、若詞章之網羅，次沖決全球群學之網羅，次沖決君主之網
> 羅，次沖決倫常之網羅，次沖決天之網羅，次沖決全球群教之網羅，
> 終將沖決佛法之網羅。〔註22〕

這裡的「群學」一詞，學界以往的訓詁頗有問題，以前輩語文學大家周振甫先生（1911～2000）的注釋為代表：「群學：社會學。」〔註23〕筆者還查閱了後出的幾種《仁學》注釋本，大抵皆沿用周先生此說。

按：晚清時曾以「群學」為今之「社會學」的譯名，如嚴復（1854～1921）譯斯賓塞（Herbert Spencer，1820～1903）的《群學肄言》，今譯為《社會學研究》（The Study of Sociology）。然這裡的「群學」當為「種種學術」的意思，與下文的「群教」（種種宗教）相對應。理據有二：（1）譚嗣同《仁學》中已經出現了作為 Sociology 新譯的「社會學」一詞，如《界說》一章中有「於西書當通《新約》及算學、格致、社會學之書」〔註24〕之語。（2）《仁學·界說》章中再次出現「群學」一詞：「格致即不精，而不可不知天文、地輿、全體、心靈四學，蓋群學群教之門徑在是矣。」〔註25〕顯然，這裡將「群學」與「群教」合稱，揆諸文義，應為「種種學術」而非「社會學」之義甚明。

將「群學」釋為種種學術之義後，這段話的意思也就容易理解了。譚嗣同在此將世界上的諸文化形態劃分為八個層次，在這八個層次中，「利祿」這類世俗行為置於最低一層，因為其對於很多學人而言，並非是難以擺脫的執著。而清代所流行的學問「若考據、若詞章」對於當時的學人而言，往往形成積習而發生感情，較難衝破一些，故為第二層次。全球群學，也就是全世界的種種學術，與當時已漸成陳跡的中國舊學相比，顯然更富有活力，因而譚嗣同將之

〔註21〕【日】島田虔次：《關於中國近世的主觀唯心論——「萬物一體之仁」的思想》，見《中國思想史研究》，上海：上海古籍出版社，2009年，47頁。
〔註22〕蔡尚思，方行編：《譚嗣同全集》，北京：中華書局，1998年，290頁。
〔註23〕周振甫選注：《譚嗣同文選注》，北京：中華書局，1981年，94頁。
〔註24〕蔡尚思，方行編：《譚嗣同全集》，北京：中華書局，1998年，293頁。
〔註25〕蔡尚思，方行編：《譚嗣同全集》，北京：中華書局，1998年，293頁。

列為第三個層次。而君主制度作為幾千年來宗法制禮教之根本，不僅人心多被其籠絡，而且尚有強大的國家機器的保護，如欲將這一網羅沖決，無疑更加困難，故為第四層次。「三綱五常」作為當時社會倫理所在，早已深入人心，習慣本身比制度還要堅牢，因而譚嗣同將之列為第五個層次。「天」之觀念，這裡指自然環境的束縛，人類徹底征服自然環境的一天顯然遠未到來，比前幾個層次都要高，所以列其為第六。全球群教，也就是人類的一切宗教，在譚嗣同看來，「教」高於「政」、「學」（《仁學·四十一》）〔註26〕，因而將之置於第七個層次。而佛法在譚嗣同看來，乃是最高層次，所以最後才可「沖決」。

以佛法為統御群學群教之最高理想，這在《仁學》中可以找到頗多的論述，若謂：

> 佛教純者極純，廣者極廣，不可為典要，惟教所適。極地球上所有群教群經諸子百家，虛如名理，實如格致，以及希夷不可聞見，為人思力所僅能到，乃至思力所必不能到，無不異量而兼容，殊條而共貫。（《仁學·三十九》）〔註27〕

然譚嗣同之所以最終要將「佛法」也「沖決」，這本身也是佛教的道理，佛教認為，「佛法」本身是為眾生解脫而「因病予藥」的一種方便權借，事實上，法本身也不是永恆的，眾生如已得解脫，自然要得魚忘筌，故若《金剛經》等佛經上常言「法尚應捨，何況非法」云云。而佛教對於世間萬象，不僅要否定「有」，否定「空」，進一步還要否定「非空非有」，這裡所說的「然真能沖決，亦自無網羅；真無網羅，乃可言沖決。故沖決網羅者，即是未嘗沖決網羅」，就像佛教最終連「法」和「非空非有」也要否定掉一樣——在真正「沖決網羅」之後，發現不僅「網羅」是假象，「沖決」的行為也是假象，所體現的，歸根結底仍然是佛教的否定精神。而這種立足於否定精神的現世批判，乃是為了達到其「天下治也，則一切眾生，普遍成佛。不惟無教主，乃至無教；不惟無君主，乃至無民主；不惟渾一地球，乃至無地球；不惟統天，乃至無天；夫然後至矣盡矣，蔑以加矣。」（《仁學·四十八》）〔註28〕的烏托邦式的終極理想，同時也構成了貫穿於《仁學》全書中最為重要的思想主線。

〔註26〕蔡尚思，方行編：《譚嗣同全集》，北京：中華書局，1998 年，354 頁。
〔註27〕蔡尚思，方行編：《譚嗣同全集》，北京：中華書局，1998 年，351～352 頁。
〔註28〕蔡尚思，方行編：《譚嗣同全集》，北京：中華書局，1998 年，370 頁。

代跋：五四前後學人的佛教觀與佛教中國化問題

一、五四前後學人佛教觀形成的歷史背景

所謂「中國近代佛學復興」這一文化思潮，肇始於晚清，「清代之季，物極而變，識微之士，張皇幼眇，咸以群治之弗整，由於教旨之弗昌……十年以來，手梵文，口大乘者蜂起，彬彬雅雅，不憚益奮，蓋學術風氣又將一變矣」。〔註1〕其發生契機，是中國學人面臨西學東漸之大勢，努力開掘傳統思想資源，期以維繫固有的文化自信。日本學者島田虔次言，彼時「打破了二千年來儒教獨尊的諸子學、佛教乃至其他東西一齊出現在了歷史舞臺上。這正是以堂皇的陣容和傳統自負的中國之『學』，在攻進來的歐洲學術、思想面前不願屈服，動員和集結了所有能夠動員的『學術』部隊，試圖進行的徹底抵抗和最後決戰，實乃一個壯觀而豪華場面」。〔註2〕當時所謂「佛學復興」，其主要特徵是士林逐漸開始重視大乘佛教的哲學義理部分，後來逐漸集中於已成「絕學」的唐代由玄奘系統輸入的唯識學及相關的知識論系統因明學上。葛兆光指出，「晚清好佛學的人，幾乎都是趨新之士大夫」，他們發現，「要理解西洋思想，原來看上去不大好懂的梵典佛經，倒是一個很好的中介，用已經理解的佛學來理解尚未理解的西學，的確也是一個好辦法。比如西洋那種複雜繁瑣的

〔註1〕張相：《佛學大綱序》，見謝无量：《佛學大綱》，揚州：廣陵書社，1994年。
〔註2〕【日】島田虔次：《中國思想史研究》，鄧紅譯，上海：上海古籍出版社，2009年，373頁。

邏輯,可以用同樣複雜繁瑣的因明學來比擬,比如西洋對於人類心理的精細分析,可以用同樣分析人類意識的唯識學來理解」。〔註3〕被學界稱為「近代佛教復興之父」的楊仁山平生學術旨趣「行在彌陀,教尊賢首」,但晚年亦逐漸對唯識學發生興趣,其學術繼承人歐陽竟無於 1922 年在南京開辦支那內學院,隱然成為斯學之重鎮。

但是,到了 20 世紀 20 年代前後,文化思想界的情況發生了微妙的變化,伴隨五四新文化運動的勃興,呼籲「德先生」、「賽先生」的思潮蔚然成為潮流,在當時影響較大的馬克思主義和實驗主義等思想,都對於宗教的社會作用持負面評價。正是在內學院開辦的同一年(1922),由於世界基督教學生同盟(World Student Christian Federation)擬定於 4 月 4 日借用北京清華學校召開第十一屆年會。於是在 3 月 9 日,上海學生成立「非基督教學生同盟」組織,通電反對這個年會在中國召開,呼籲支持。3 月 11 日,北京學生響應上海的呼籲,成立「反宗教大同盟」,蔡元培等人均予支持。3 月 21 日,由李石曾、陳獨秀、李大釗、汪精衛、朱執信、蔡元培、戴季陶、吳稚暉等為數 77 人的學者名流以該同盟的名義聯署發表宣言通電全國,提出:「我們自誓要為人類社會掃除宗教的毒害。我們深惡痛絕宗教之流毒於人類社會,十倍百倍於洪水猛獸。有宗教可無人類,有人類應無宗教。宗教與人類,不能兩立。」〔註4〕本年 6 月,非宗教同盟出版羅章龍編輯的《非宗教論》一書,該書收集了蔡元培、陳獨秀、李大釗、吳虞、李石曾、蕭子升、周太玄、朱執信、羅章龍等人撰寫的 31 篇批判宗教的文章。事實上,在 1921 年前後,由李大釗、王光祈等發起組織的「少年中國學會」已開始重視和強調反思批判宗教,其會刊《少年中國》在 1921 年春出版三期「宗教問題號」,其所刊文多數對宗教持負面意見。當時正在中國訪問的英國哲學家羅素也發表了他的看法,他在一系列演講中批判宗教並讚美中國的文化傳統。他說:「中國的運氣真好」,因為中國遠離歐洲,避免了宗教戰爭的影響;有史以來沒有產生過「和歐洲一樣險毒的宗教」〔註5〕,希望中國能保持這種沒有宗教的文化傳統。由少年中國學會所發

〔註3〕葛兆光:《孔教、佛教抑或耶教?──1900 年前後中國的心理危機與宗教興趣》,見王汎森等:《中國近代思想史的轉型時代》,臺北:聯經出版事業公司,2007 年,223~224 頁。

〔註4〕《北京非宗教大同盟宣言》,見張欽士輯:《國內近十年之宗教思潮》,北京:燕京華文學校,1927 年,193 頁。

〔註5〕《羅素先生的演講》,《少年中國》第 2 卷第 8 期。

起的關於宗教的爭論，引發廣泛社會影響。《新青年》、《覺悟》、《學衡》、《新潮》等一批報刊紛紛載文，形成頗具規模的批判宗教熱潮。

由這一背景出發，我們就可理解歐陽竟無何以於 1923 年 10 月在南京高師哲學研究會上發表「佛法非宗教非哲學」這一題目，其中謂「凡宗教家類必有其宗教式之信仰。宗教式之信仰為何？純粹感情的服從，而不容一毫理性之批評者是也。佛法異此。無上聖智要由自證得來，是故依自力而不純仗他力。依人說話，三世佛冤，盲從迷信，是乃不可度者」〔註6〕云云。另一位極具社會影響力的佛教僧侶太虛則在 1924 年因回應「科玄論戰」，撰寫了《人生觀的科學》一文，他認為佛法並非一般意義上的宗教、玄學、哲學或科學，謂「佛教的唯一大事，只是從人的生活漸漸增進以發達人生至其究竟，即是由人乘直接佛乘的一條大乘路」，故認定其為一種「人生觀的科學」。〔註7〕這些表明，當時的佛教領袖們試圖極力將佛教與「宗教」定義拉開距離。但是，這一努力在當時頗占主流的學人看來，當然只能持一定保留意見，因為佛教無論是其經典還是社會實際存在狀態，都客觀上包含了一些強調儀式信仰、敬拜神佛和神秘主義的內容，絕不僅僅只有那套講「解脫」和「空性」之類的哲理。因此，1938 年湯用彤為其代表作《漢魏兩晉南北朝佛教史》所作之跋語中所言「佛法，亦宗教，亦哲學」〔註8〕之語，應代表了當時對佛教持中立立場的學人的一般看法。

總之，五四前後學人的佛教觀，與晚清時士林以「夫佛教崇高，凡有識者所同可」〔註9〕這種認識狀況相比，已發生了微妙的變化。雖然像章太炎、梁啟超、梁漱溟等仍對佛教持有「溫情之敬意」，但多數研究佛教的教外學者，都能一分為二地看問題，並不能簡單說他們是在「肯定佛教」還是「否定佛教」。——頃讀王頌先生近期發表的《五四學人論佛教與中國文化傳統》，文中以「佛教本位」為視角，認定五四以降「幾位代表學人的觀點大體上可以分為胡適、張岱年、任繼愈的否定派和陳寅恪、錢穆、湯用彤的肯定派」〔註10〕。

〔註6〕歐陽竟無：《佛法非宗教非哲學》，見《歐陽竟無佛學文選》，武漢：武漢大學出版社，2009 年，3 頁。

〔註7〕印順編：《太虛大師全書》23 冊，印順文教基金會（光碟版），2006 年，1 頁。

〔註8〕湯用彤：《漢魏兩晉南北朝佛教史·跋》，見《漢魏兩晉南北朝佛教史》，武漢：武漢大學出版社，2008 年，604 頁。

〔註9〕魯迅：《破惡聲論》，見《魯迅全集》第 8 卷，北京：人民文學出版社，2005 年，29 頁。

〔註10〕王頌：《五四學人論佛教與中國文化傳統》，見《中國哲學史》2022 年 1 期。

王君所論，自不失為一家之言，但是否可如此簡單且非此即彼地劃為兩條陣線，當可見仁見智。筆者覺得可借助這一疑問，略闡己見。

二、支那內學院的印度佛教基要主義傾向與學界相關回應

　　由唐代玄奘自印度親習並將之系統傳入中國的唯識學，在晚清時期，已得到許多學者如章太炎、梁啟超、譚嗣同等人的關注，但由於唐代中後期以來此學在中土未得到系統傳承，大量經典亡佚，楊仁山晚年通過日本友人南條文雄等人的關係，將玄奘弟子窺基的《因明大疏》、《成唯識論述記》，圓測疏解的《解深密經》，遁倫的《瑜伽師地論記》等唯識學早期重要著作，均於日本一一尋回，陸續付梓。到了他的弟子歐陽竟無這裡，則徹底將佛學研究的方向轉向於此學，歐陽的學生呂澂評價其學：「師之佛學，由楊老居士出。《楞嚴》、《起信》，偽說流毒千年，老居士料簡未純，至師始毅然屏絕。」〔註11〕歐陽在一開始就基於玄奘所傳唯識思想，認定「中國化」佛教宗派華嚴、天臺所據以建立的經典《大乘起信論》有問題，他在 1922 年撰寫的《唯識抉擇談》中認為：「真如緣起之說出於《起信論》。《起信》作者馬鳴學出小宗，首宏大乘；過渡時論，義不兩牽，誰能信會，故立說粗疏遠遜後世，時為之也。」〔註12〕認為《起信》是一部「立說粗疏」的「未了義」佛學典籍。後來他瞭解到部分日本學者已斷定《大乘起信論》是中國人偽造之說後，則更加明確了「自天臺、賢首等宗興盛而後，佛法之光愈晦」這一看法，乃至把這種「惡果」歸諉於中國文化本身的缺陷上：「中國人之思想非常儱侗，對於各種學問皆欠精密之觀察；談及佛法，更多疏漏。在教理上既未曾用過苦功，即憑一己之私見妄事創作。極其究也，著述愈多，錯誤愈大，比之西方佛、菩薩所說之法，其真偽相去誠不可以道里計也。」〔註13〕自此，他們這一派佛學徹底否定了中國化佛教的合法性，在佛學上走向了唯印度佛教唯識學原教旨是尊的「基要主義」（fundamentalism）徑路。

　　由於禪宗、華嚴宗、天臺宗的思想，在中國思想文化史上本有相當重要

〔註11〕呂澂：《親教師歐陽先生事略》，見《歐陽漸文選》，上海：上海遠東出版社，2011 年，425 頁。

〔註12〕歐陽竟無：《唯識抉擇談》，見《歐陽竟無集》，北京：中國社會科學出版社，1995 年，105 頁。

〔註13〕歐陽竟無：《唯識抉擇談》，見《歐陽竟無佛學文選》，武漢：武漢大學出版社，2009 年，36～37 頁。

的地位，後來的宋明儒學雖然「闢佛」，但實質上潛移默化地受到了他們的不少影響，因此，內學院佛學裏面顯然隱含了一個題中應有之義，即後世與他們認定是「偽學」相關的儒家思想，那自然更加一錢不值了。歐陽竟無在《〈尊聞居士集〉》敘》中未加掩飾地表達這一看法，其謂：「率天下之人，幽錮戶牖，終古無見天日之期者，不仁哉，講學家也！生也，而不知不生；樂也，而終不免有著；一貫也，而終不知兩端；中庸也，而不知高明；仁者人也，而不能知天；道其所道，非孔子之道也。吾不敢謗孔，稱心而談：《周易》、《中庸》語焉不詳；三藏十二部，曲暢其致。」〔註14〕其所謂「講學家」即宋明諸儒，更以中土儒門經典較之佛典相差遠甚。他的弟子呂澂則在1943年時與熊十力論辯時明確說，宋儒所成立的「本體」等觀念，皆「俗見本不足為學」。〔註15〕

就此而論，內學院的佛學態度，不僅涉及了佛教教內的義理是非之爭，他們的結論也間接影響到如何看待中國文化思想傳統價值這一敏感問題。對此，當時傾向「中國文化本位」的學者，其中包括後人所說的「新儒家」學術共同體，及《學衡》派同人等，當然注定不可能接受他們的這一判斷。就王頌文中提到的那幾位先生而言，如湯用彤說：

> 外來和本地文化的接觸，其結果是雙方。……因為文化本來有頑固性，所以發生衝突。因為外來文化也須和固有文化適合，故必須雙方調和。所以文化思想的移植，必須經過衝突和調和兩個過程。經過以後，外來思想乃在本地生了根，而可發揮很大的作用。……一國的文化思想固然受外來影響而發生變化。但外來文化思想的本身也經過改變，乃能發揮作用。……所以佛教到中國來，經過很大的改變，成為中國的佛教，乃得中國人廣泛的接受。……在這個過程中與中國相同相合的能繼續發展，而和中國不同不和的則往往曇花一現。比方說中國佛教宗派有天臺宗、華嚴宗、法相宗等等。天臺、華嚴二宗是中國自己的創造，故勢力較大。法相宗是印度道地貨色，雖然有偉大的玄奘法師在上，也不能流行很長久。〔註16〕

〔註14〕見《民鐸》雜誌第3卷第2號，1922年2月。
〔註15〕《呂澂復熊十力（一九四三年四月十二日）》，見《熊十力論學書札》，上海：上海書店，2009年，24頁。
〔註16〕湯用彤：《文化思想之衝突與調和》，見《會通中印西》，上海：東方出版中心，2012年，11頁。

　　湯先生的意思無非是說，因為佛教於中國開展，首先要適合中國文化的環境土壤，故而必須出現自發的遷變，才出現天臺、華嚴、禪宗等中國化佛教宗派，思想學說在傳播過程中，注定是不可能永遠不生變化地保持其「原教旨」狀態的。

　　陳寅恪先生在《馮友蘭中國哲學史下冊審查報告》中則更直接地說：

> 若玄奘唯識之學，雖震動一時之人心，而卒歸於消沉竭蹶。近雖有人，欲然其死灰，疑終不能復振。其故匪他，以性質與環境互相方圓鑿枘，勢不得不然也。〔註17〕

「欲然其死灰」者，顯然指的正是支那內學院一系的學者，陳寅恪在此直接表達了他不以為然的態度。而王頌文中對陳寅恪此文僅引用了「佛教經典言：『佛為一大事因緣出現於世。』中國自秦以後，迄於今日，其思想之演變歷程，至繁至久。要之，只為一大事因緣，即新儒學之產生，及其傳衍而已」這一段，就論定陳先生「肯定了佛教傳入對中國文化的積極作用」〔註18〕。雖然這並未說錯，但因為佛教是一個複雜多元的系統，如果不具體剖析陳寅恪（及其他學者）肯定或否定的是佛教中的哪種學說，就難免有些將問題大而化之了。

　　當時對內學院衝擊最大的一個事件，便是本追隨歐陽竟無在內學院學習唯識學的熊十力，到北京大學任教後，忽一日盡毀其學而「棄佛入儒」了。從 1919 到 1922 年間，熊十力在內學院終日沉潛於佛教經卷研習唯識學法門，欲「追尋玄奘、窺基宣揚之業，從護法諸師上索無著、世親，悉其淵源，通其脈絡」〔註19〕。後經梁漱溟介紹，熊先生赴北大任教，1923 年，北大印行他的《唯識學概論》講義，分「唯識、諸識、能變、四分、功能、四緣、境識、轉識」等八章，約九萬餘言，基本上依據於玄奘所傳之本義，忠實於內學院所學。但於是年，他忽盛疑舊學，漸對傳統唯識學體系發生不滿而欲以修正之，故毀棄前稿，開始發心草創《新唯識論》。此後十年間，熊十力在當時較為自由寬鬆的學術環境中，與友人林宰平、馬一浮、梁漱溟、張東蓀、湯用彤、錢穆、蒙文通、張申府諸先生反覆切磋、辯難，相互啟發。1932 年

〔註17〕陳寅恪：《馮友蘭中國哲學史下冊審查報告》，見《陳寅恪史學論文選集》，上海：上海古籍出版社，1992 年，511 頁。
〔註18〕王頌：《五四學人論佛教與中國文化傳統》，見《中國哲學史》2022 年第 1 期。
〔註19〕熊十力：《新唯識論語體文本壬辰刪定記》，見《新唯識論》，上海：上海書店，2008 年，113 頁。

10 月，熊著《新唯識論》文言文本在杭州出版。在《新唯識論》中，熊十力反覆辨析和反思佛家唯識學的名相與體系，並出己見，揭其理論的諸多兩難與不足，返身而歸本儒門易理，開闡「體用不二」、「翕闢成變」之學說。內學院同人，包括歐陽竟無本人，對於熊十力這一「叛教」之舉，當然是十分憤怒的，熊亦由此結下了與內學院學者的恩怨，此後內學院的劉定權、呂澂等，都曾與熊發生過激烈論戰。

　　值得注意的是，熊十力雖然自此與內學院學者各趨異路，但一些於佛教保持中立態度的學人倒是對其甚表肯定，蔡元培、馬一浮為《新唯識論》作序皆高度評價其哲學造詣，即使專門研究佛學的湯用彤，也與熊十力成了較好的朋友。湯用彤撰《漢魏兩晉南北朝佛教史》中涉及對鳩摩羅什贈慧遠的一首偈頌的詮釋，湯著對此全文徵引熊十力的解讀。據王元化回憶說：「在十力先生畢生的學術研究中，還是以佛學為勝。他可以算得上是『五四』後老一代佛學專家中屈指可數的幾位代表人物之一。他和湯用彤先生交誼頗厚，兩人都以佛學名家。湯著《漢魏兩晉南北朝佛教史》曾引十力先生就鳩摩羅什贈慧遠偈所作的詮釋。我不知道此文見於十力先生何書，曾請問過他。據他說，這段文字不是引自他的著作，而是應湯先生所請託，為湯先生所寫的。從這件事來看，可見湯先生對他的佛學造詣是很器重的。」〔註 20〕但是，王頌在其文《五四學人論佛教與中國文化傳統》中卻認為：「他對好友熊十力任意闡釋佛教義理甚至不惜大肆歪曲的做法也並不贊同。據錢穆回憶，三十年代初他在北大任教時與熊十力、湯用彤和蒙文通交往密切。熊十力當時剛剛發表《新唯識論》，批評乃師歐陽竟無，蒙文通不以為然，一見面就予以駁難。湯用彤當時在北大講授佛學，『最稱得上是專家』，他卻『獨默不語』，只好由錢穆予以緩衝。眾所周知，湯用彤曾經接受過嚴格的哲學訓練，對印度、西洋、中國的古代哲學都有深厚造詣，但他對熊十力的高談闊論卻不贊一詞，其實已經無意間表露了自己的態度。」〔註 21〕顯然王君認為，湯用彤對熊十力的佛學看法不以為然，但瞭解湯先生平生為人風格者顯然應該可以看出，這只是他一貫的行事方式，不想捲入是非，故「獨默不語」而已。事實上，湯用彤先生在學術思

〔註 20〕王元化：《讀熊十力箚記》，見《熊十力論學書札》，上海：上海書店，2009 年，
　　　　 4 頁。

〔註 21〕王頌：《五四學人論佛教與中國文化傳統》，見《中國哲學史》2022 年第 1
　　　　 期。

想取向上屬「昌明國粹，融化新知」的「《學衡》派」，他們至始至終強調本國固有之傳統文化的優長，故湯用彤對於佛教哲學的看法，顯然應與熊十力更接近，不可能更傾向於內學院的基本立場。

熊十力的弟子牟宗三后來對內學院佛學有不失中肯的批評意見：

> 歐陽竟無先生說藏密、禪、淨、天臺、華嚴，絕口不談；又說自臺、賢宗興，佛法之光益晦。藏密、淨土，不談可以。天臺、華嚴、禪，如何可不談？若謂人力有限，不能全談，則可。若有貶視，則不可。臺、賢宗興，如何便使佛法之光益晦？而呂秋逸寫信給熊先生竟謂天臺、華嚴、禪是俗學。此皆是宗派作祟，不能見中國吸收佛教發展之全程矣。他們說這是力複印度原有之舊。然而佛之教義豈只停於印度原有之唯識宗耶？此亦是淺心狹地之過也。〔註22〕

這一論述，實可視作「後五四」時期「文化本位派」學者對內學院「基要主義」立場的代表性看法，表現了對佛教中國化歷史進程的高度肯認。

三、錢穆、馮友蘭對「中國化佛教」宗派思想的肯定

錢穆先生的自我定位雖非「新儒家」而為史家，但他「文化本位」的思想立場還是頗為明顯的，對於中國化佛教諸宗義理，在其著述中有頗多肯認，尤於禪宗思想再三致意。錢穆曾指出，禪宗之出現，誠中國佛教由出世之觀念返於入世之一大思想史轉捩，宋明儒學之復興，最先的契機實始於此。〔註23〕慧能則為此一大轉捩中之關鍵人物，慧能《壇經》之要領便是佛教之自性化與人間化，他說：

> 慧能講佛法，主要是兩句話，即「人性」與「人事」。他教人明白本性，卻不教人屏棄一切事。所以他說：「恩則孝養父母，義則上下相憐，讓則尊卑和睦，忍則眾惡無喧。」所以他又說：「若欲修行，在家亦得，不由在寺。」又說：「在家能行，如東方人心善。在寺不修，如西方人心惡。」又說：「自性西方。」他說：「東方人造罪念佛，求生西方，西方人造罪念佛，求又生何國？」又說：「心平何用持戒，行直何用修禪。」這些卻成為佛門中極革命的意見。慧能講佛法，既是一本心性，又不屏棄世俗，只求心性塵埃不惹，又何礙

〔註22〕 牟宗三：《佛性與般若（上）》，長春：吉林出版集團有限責任公司，2010年，6頁。

〔註23〕 參見錢穆：《中國思想史》，北京：九州出版社，2011年，160頁。

在人生俗務上再講些孝悌仁義齊家治國。因此唐代之有禪宗，從上
是佛學之革新，向後則成為宋代理學之開先，而慧能則為此一大轉
捩中之關鍵人物。〔註24〕

錢穆正面表述佛教在中國思想發展脈絡中的作用，王頌先生說：「佛教擺脫印
度原有的厭世的、神秘的、宗教的色彩，回歸入世的、人文的情懷，是錢穆對
佛教中國化的基本定位。」〔註25〕這是比較公允的看法。但是還應該注意到，
錢穆平生對於唯識學基本沒什麼興趣，他在其《中國思想史》一書中於南北朝
隋唐佛學部分，僅僅論列竺道生與惠能兩個專節，他「所以特舉此兩人者，因
其特與佛學之中國化有關」〔註26〕。由此可見，說錢穆是佛教的「肯定派」雖
然是不錯的，但「肯定」的部分限於佛教的「中國化」思想。

馮友蘭先生的看法與錢穆相當類似，這從他最為通行的著作《中國哲學簡
史》中就可以看到，他對「在中國的佛學」與「中國的佛學」作了明確區分：

> 「中國的佛學」與「在中國的佛學」，二者所指的不一定是一回
> 事，即不一定是同義語。因為佛教中有些宗派，規定自己只遵守印
> 度的宗教和哲學傳統，而與中國的不發生接觸。相宗，又稱唯識宗，
> 就是一個例子。……像相宗這樣的宗派，都只能叫做「在中國的佛
> 學」。它們的影響，只限於少數人和短暫的時期。它們並沒有進入廣
> 大知識界的思想中，所以在中國的精神的發展中，簡直沒有起作用。
> 「中國的佛學」則不然，它是另一種形式的佛學，它已經與中國的
> 思想結合，它是聯繫著中國的哲學傳統發展起來的。〔註27〕

馮友蘭重點考察了佛教傳入中國後與中國哲學傳統發生相互影響、能融
入中國哲學精神中的中國化佛教。其亦以禪宗為典範，說：「往後我們將會看
到，佛教的中道宗與道家哲學有某些相似之處。中道宗與道家哲學相互作用，
產生了禪宗。禪宗雖是佛教，同時又是中國的。禪宗雖是佛教的一個宗派，可
是它對於中國哲學、文學、藝術的影響，卻是深遠的。」〔註28〕由此可見，馮
先生對禪宗這種「中國的佛學」給予相當肯定，而對象唯識學這種「在中國的

〔註24〕錢穆：《〈六祖壇經〉大義》，見《中國學術思想史論叢》（四），北京：三聯書店，2009年，156～157頁。

〔註25〕王頌：《五四學人論佛教與中國文化傳統》，見《中國哲學史》2022年第1期。

〔註26〕錢穆：《中國思想史》，北京：九州出版社，2011年，140頁。

〔註27〕馮友蘭：《中國哲學簡史》，北京：北京大學出版社，1996年，207頁。

〔註28〕馮友蘭：《中國哲學簡史》，北京：北京大學出版社，1996年，207頁。

佛學」顯然持保留意見。所謂「中國的佛學」，自然講的就是「中國化佛教」諸宗派。

四、胡適、張岱年、任繼愈論禪宗思想的歷史價值

胡適先生平生對禪宗史的研究堪稱篳路藍縷，在敦煌文獻、域外文獻中開掘新材料，雖然在不少具體問題的結論上未必盡當，但其原創性貢獻是學界公認的。當然，他研究禪宗史的初衷，確有揭穿後世僧侶建構「偽史」的動機，但在研究的過程中，斷非認定禪宗思想一無是處。比如他在 1934 年 12 月北京師範大學的演講《中國禪學的發展》中總結禪宗的方法，歸納為五種：（一）「不說破。禪學既是教人知道佛性本自具足，莫向外馳求，意思就是說，人人都有佛性，己身便是佛，不必向外人問；要人知道無佛可作，無法可求，無涅槃菩提可證」；（二）「疑。其用意在使人自己去想，去體會」；（三）「禪機。普通以為禪機含有神秘性，其實，真正的禪機，不過給你一點暗示。因為不說破，又要叫人疑，叫人自己去想」；（四）「行腳。學人不懂得，只好再問，問了還是不懂，有時挨一頓棒，有時候挨一個嘴巴；過了一些時，老師父打發他下山去遊方行腳，往別個叢林去碰碰機緣」；（五）「悟。從『不說破』起，到『桶底脫了』，完全覺悟貫通。」〔註29〕胡適認為以上方法，「徹頭徹尾就是一個自得」，是超越了偶像崇拜信仰的，其中體現獨尊自心的理性精神，故總結說：

> 這種禪學運動，是革命的，是反印度禪、打倒印度佛教的一種革命。自從把印度看成西天，介紹，崇拜，研究，選擇，以致「得意忘象，得魚忘筌」；最後，悟到釋迦牟尼是妖怪，菩提達摩是騙子，十二部經也只能拿來做揩糞紙；解放，改造，創立了自家的禪宗。
>
> 所以這四百年間禪學運動的歷史是很光榮的。〔註30〕

這種方法和精神脈絡，影響於後世儒家，故「宋明理學的昌明，正是禪學的改進，也可以說是中國古時代宗教的餘波」。他還常引用朱熹的詩句為證，認為禪悟境界無非「就是朱熹在吟味下面的詩句時所領略的風光」：

> 昨夜江邊春水生，艨艟巨艦一毛輕；
>
> 向來枉費推移力，此日中流自在行！

〔註29〕 胡適：《中國禪學的發展》，見《20 世紀佛學經典文庫》，武漢：武漢大學出版社，2008 年，59～61 頁。

〔註30〕 胡適：《中國禪學的發展》，見《20 世紀佛學經典文庫》，武漢：武漢大學出版社，2008 年，62 頁。

並感歎道：「這樣的禪，是不合邏輯、違反理性、超越吾人知性理解的嗎？」
〔註31〕——胡適曾言及他與羅素之間的一個公案，足見他對禪宗思想的親切
體認：

> 羅素（Bertrand Russell）來中國，北京有一般學生組織了一個
> 「羅素學術研究會」，請羅素蒞會指導。但羅素回來對我說：「今天
> 很失望！」問何以故？他說：「一般青年問我許多問題，如『George
> Elior 是什麼？』『真理是什麼？（What is Truth?）』叫我如何回答？
> 只好拿幾句話作可能的應付。」我說：假如您聽過我講禪學，您便
> 可以立刻賞他一個耳光，以作回答。羅素先生頗以為然。〔註32〕

胡適先生平生確實對印度的一切思想學說並無好感，也確實認為這些東西在
中國歷史上起到不好的作用，對唯識學也是如此，他曾明確批評過這類學說：

> 玄奘不滿意於中國僧徒的閉門虛造，故捨命留學印度十多年，
> 要想在佛教的發源地去尋出佛教的真意義。不料他到印度的時候，
> 正是印度佛教的煩瑣哲學最盛的時候。這時候的新煩瑣哲學便是
> 「唯識」的心理學和「因明」的論理學。心理的分析可分到六百六
> 十法，說來頭頭是道，又有因明學做護身符，和種種無意義的陀羅
> 尼作引誘，於是這種印度煩瑣哲學便成了世界思想史上最細密的一
> 大系統。偉大的玄奘投入了這個大蛛網裏，逃不出來，便成了唯識
> 宗的信徒與傳教士。於是七世紀的中國便成了印度煩瑣哲學的大殖
> 民地了。〔註33〕

他之所以對禪宗思想的歷史價值有一定肯認，蓋以「中國禪之中，道家自然主
義成分最多」〔註34〕，認為這是徹底中國化了的學說。就此而論，胡適對佛教
的基本認識，與傾向「文化本位主義」的陳寅恪、湯用彤、錢穆、馮友蘭等，
談不上有什麼本質性區別，只是他的表述方式有時顯得有些極端，對於「尊
佛」之人，聽起來不那麼順耳罷了。

〔註31〕 胡適：《禪宗在中國：它的歷史和方法》，見《20世紀佛學經典文庫》，武漢：
　　　　武漢大學出版社，2008年，127頁。
〔註32〕 胡適：《中國禪學的發展》，見《20世紀佛學經典文庫》，武漢：武漢大學出版
　　　　社，2008年，60～61頁。
〔註33〕 胡適：《荷澤大師神會傳》，見《20世紀佛學經典文庫》，武漢：武漢大學出版
　　　　社，2008年，439頁。
〔註34〕 胡適：《論禪宗史的綱領》，見《20世紀佛學經典文庫》，武漢：武漢大學出版
　　　　社，2008年，16頁。

　　張岱年先生在其青年時代已是一位馬克思主義者，其《中國哲學大綱》於 1935 年開始撰寫，1937 年完成初稿，1943 年曾在北平私立中國大學印為講義，1958 年由商務印書館正式出版。張岱年著中將宋明儒有關宇宙本根問題探討的思想脈絡分為三個基本類型，即氣論、理氣論、唯心論，其中理氣論上承先秦道家之道氣二元論，由北宋二程開其先，並由南宋朱熹集其大成；唯心論即「主觀唯心論」，張岱年認為其在中國的正式形成當與佛教的「萬法唯識」的觀念的輸入有關，在儒家中由南宋陸九淵及其弟子楊簡開其端緒，並由明代王守仁集其大成。顯然，雖然他認定佛教「只是中國哲學中的『客流』」〔註35〕，但並不是未在中國哲學史上發生過作用。而且，在 1980 年此書再版時，他在再版序言中也明確承認了：「書中沒有講中國佛學的思想，又基本上以戴震為結束，近代存而不論，也是明顯的缺陷。」〔註36〕而在後來他為《中國大百科全書》撰寫「中國哲學史」條目時，已補足了這一「缺陷」，他述及禪宗時說：

　　　　禪宗的創始人慧能以心淨自悟為立論的哲學基礎，說：「人性本淨，為妄念故，蓋覆真如，離妄念，本性淨」，「若識本心，即是解脫」。這就是見性成佛的頓悟說。慧能提倡成佛的簡易法門，使佛教禪宗在唐代後期廣泛流行起來。佛教的學說對於宋明時代的唯心主義哲學有重要影響。

　　張先生作為一位信念純粹的馬克思主義者，對於中國哲學中「氣論」思想一直比較認同，他所寄望的中國哲學的未來方向，即延續氣學傳統的唯物論的發展，更具體地說，實指馬克思唯物主義（張岱年稱之「新唯物論」）於中國的植根和生長。他在青年時代便認為，「今後哲學之一個新路，當是將唯物、理想、解析，綜合於一」，而「唯物與理想之綜合，可以說實開始於馬克思、恩格斯的新唯物論」。〔註37〕因此，他自然不可能對傾向「唯心」的佛學有過高的評價，但絕非對佛學沒有研究，把他簡單定性為佛教的「否定派」恐怕也是有些過當的，他的學生方立天先生曾回憶說：

　　　　佛教哲學是宗教哲學，有著與一般哲學不同的特殊性，要求我們在研究時必須對它進行內在的、深透的心性體會。這裡強調心性

〔註35〕張岱年：《中國哲學大綱》，北京：商務印書館，2015 年，41 頁。

〔註36〕張岱年：《中國哲學大綱》，北京：商務印書館，2015 年，2 頁。

〔註37〕張岱年：《哲學上一個可能的綜合》，見《張岱年全集》（第一卷），石家莊：河北人民出版社，1996 年，262 頁。

體會的重要，也肯定心性體會的可能。我以為這對教外的研究者來說是有重要意義的。記得吾師張岱年先生也曾點化過我：「你研究佛教，可要進去啊。」只有設身處地，虛心體察，深契冥覺，體會貫通，才能理解佛教哲學的真諦和精義。〔註38〕

顯然，張岱年對佛教是存在一定「瞭解之同情」的，我們何以不能在這個問題上也對作為馬克思主義者的張岱年先生也同樣給予「瞭解之同情」？

任繼愈先生早年是熊十力先生的學生，曾經較為認同儒學，但在1956年前後，他的思想發生轉變，開始認同馬克思主義的唯物史觀，並向熊十力坦陳，熊先生不僅不以為忤，還贊許他「誠信不欺，有古人風」〔註39〕。他後來所撰寫的一系列佛教研究文章，曾得到毛澤東的讚譽，稱之為「鳳毛麟角」。

必須注意到，即使是在當年的那種環境下完成的《漢唐佛教思想論集》中，任繼愈論及禪宗，雖然出於眾所周知的特殊語境，偶而也有些不失為正面的評價，諸如：

禪宗力圖把佛性從彼岸世界拉回到每個人的內心，把依靠佛教的經典轉向引導人們相信個人的頓悟（內心的神秘啟示），把拜佛轉向呵佛罵祖，這就埋藏下了毀滅他自己的炸彈。遇到一定的條件，遇到革命的階級或革命的集團，或者這一武器拿到不滿意現實剝削制度人們的手上，它將會沿著另一個方向——佛教教義所反對的方向前進。〔註40〕

任先生這裡所說的「佛教教義所反對的方向」，無非是那種傳統的、基要主義式的「教義」。他還指出：

在古代，宗教神學勢力籠罩著思想界的條件下，泛神論經常是宗教神學內部的破壞力量。它把神融化於自然界中，否認有所謂超自然的本源西方的資產階級初期的進步思想家，如布魯諾、斯賓諾莎都是通過泛神論從宗教神學的迷霧中自己解放出來的。中國的禪宗時代比他們早得多，它不是以新興的資本主義作為內部推動力量，而是在佛教內部反對貴族僧侶階級的鬥爭中出現的，這一派是以世

〔註38〕方立天：《中國佛教哲學研究的方法論問題》，見《中國哲學史》2003年第2期。
〔註39〕任繼愈：《熊十力先生的為人與為學》，見《任繼愈自選集》，北京：首都師範大學出版社，2009年，491頁。
〔註40〕任繼愈：《漢唐佛教思想論集》，北京：人民出版社，1973年，159頁。

俗地主階級中不當權派的中小地主階級作為它的社會基礎的，它的
主要鋒芒指向當權派的豪門貴族、特權階級。〔註41〕

在 1959 年，毛澤東在家中接見任繼愈，肯定了他在宗教方面的研究工作成
績，任繼愈對這次談話作了記錄，毛澤東談到許多對宗教問題的看法，也談
到：「古人有很多東西我們都值得學。禪宗的獨創精神，成佛不要去西天。」
〔註42〕顯然，毛澤東的那段著名論述：「今天的中國是歷史的中國的一個發
展；我們是馬克思主義的歷史主義者，我們不應當割斷歷史。從孔夫子到孫中
山，我們應當給以總結，承繼這一份珍貴的遺產。這對於指導當前的偉大的運
動，是有重要的幫助的。」〔註43〕也是任繼愈先生研究佛教的基本原則，取其
精華、去其糟粕，也是繼承和發揚傳統文化的正確態度。

五、結語

研究中國古典思想文化，出於不同的研究視角，往往會得出截然不同的
研究結論。就佛教研究而言，如果過分主觀，覺得某些學者的個別論述聽起
來比較刺耳，某些學者的論述則聽起來更容易接受一些，從而會簡單劃分為
對佛教的「肯定派」和「否定派」。但若以更為客觀的歷史主義視角，充分瞭
解和剖析這些學者的歷史語境，以及「佛教」學說本身的複雜多元性，則會
發現，問題顯然不是那麼簡單的，往往「肯定」中亦有揚棄的部分，「否定」
中也未必沒有對其中某些具體內容的肯認。五四以降不同學派的學人對佛教
的研究顯然正是如此。其中，除了內學院一系的印度佛教基要主義者們，其
餘學人基本上都對禪宗等「中國化佛教」思想表達出一定的肯定態度。如果
否認這一點，那就無非與內學院和當代日本「批判佛教」的學人一樣，只能
不承認湯用彤、馮友蘭所說的「中國的佛教」（或「中國的佛學」）的合法性，
一切以印度佛教的某種學說為準，恐怕也在無意中陷入了「基要主義」的理
論誤區中了。

就此而論，湯用彤與胡適在 1937 年 1 月 18 日那次「有趣的對話」也就
容易理解了：

〔註41〕任繼愈：《漢唐佛教思想論集》，北京：人民出版社，1973 年，162 頁。
〔註42〕任遠、任重：《一份談話記錄和半個世紀的演繹》，《中華讀書報》2016 年 4 月
　　　　6 日。
〔註43〕毛澤東：《中國共產黨在民族戰爭中的地位》，見《毛澤東選集》（第二卷），北
　　　　京：人民出版社，1991 年，534 頁。

　　　到北大，與湯錫予先生暢談。他自認膽小，只能作小心的求證，

　不能作大膽的假設。這是謙詞。錫予的書極小心，處處注重證據，

　無證之說雖有理亦不敢用，這是最可效法的態度。他又說：「頗有一

　個私見，就是不願意說什麼好東西都是從外國來的」，我也笑對他

　說：「我也有一個私見，就是說什麼壞東西都是從印度來的。」我們

　都大笑。〔註44〕

　　當然，胡適先生說「壞東西都是從印度來的」，難免確有偏頗，只能看做
是一個特殊語境的笑談，而湯用彤先生所說「不願意說什麼好東西都是從外
國來的」，其中表達的是一種對中國固有文化的高度自信態度，這不僅透露出
對那種「基要主義」者的委婉否定，也是五四以降包括文化本位主義者、馬
克思主義者等在內的一切對本國文化（包括「中國化佛教」）富有一定「溫情
之敬意」學人之思想共識。秉持文化自信，不妄自菲薄、不挾洋自重，更不
能陷入基要主義式的非此即彼觀念，才是吾人今日研究中國佛學應持有的正
確立場。

〔註44〕胡適：《胡適日記全集》第七冊，臺北：聯經出版事業股份有限公司，2004年，
　　　　373頁。